中华
经典通识

《周易》通识

王振复——著

中华书局

图书在版编目(CIP)数据

《周易》通识/王振复著. —北京:中华书局,2023.7
(中华经典通识)
ISBN 978-7-101-16200-4

Ⅰ.周… Ⅱ.王… Ⅲ.《周易》-研究 Ⅳ.B221.5

中国国家版本馆 CIP 数据核字(2023)第 084445 号

书　　名	《周易》通识
著　　者	王振复
丛 书 名	中华经典通识
主　　编	陈引驰
丛书策划	贾雪飞
责任编辑	黄飞立
封面设计	毛　淳
责任印制	管　斌
出版发行	中华书局

(北京市丰台区太平桥西里 38 号　100073)
http://www.zhbc.com.cn
E-mail:zhbc@zhbc.com.cn

印　　刷	天津图文方嘉印刷有限公司
版　　次	2023 年 7 月第 1 版
	2023 年 7 月第 1 次印刷
规　　格	开本/880×1230 毫米　1/32
	印张 7½　字数 115 千字
印　　数	1-8000 册
国际书号	ISBN 978-7-101-16200-4
定　　价	56.00 元

编者的话

经典常读常新，一代有一代的思想，一代有一代的解读。"中华经典通识"系列丛书，邀请当今造诣精深的中青年学者，为读者朋友们讲授通识课。希望通过一本"小书"，轻松简明地讲透一部中华传统经典。

本系列丛书由复旦大学陈引驰教授主编，每本书的作者都是该领域的名家，他们既有深厚的学养，又长于深入浅出，融会贯通。每本书都选配了大量相关的图片，图文相生，能增强阅读的趣味性。

希望这套丛书，能成为人们了解中华传统文化的可靠津梁。

目　录

《周易》：古代东方奇书

　　德国学者卡尔·雅斯贝尔斯曾经指出："以公元前 500 年为中心——从公元前 800 年到公元前 200 年——人类的精神基础同时地或独立地在中国、印度、波斯、巴勒斯坦和希腊开始奠定。而且直到今天人类仍然附着在这种基础上。"（《人的历史》）人类文化发展的这一重要历史时期，被雅斯贝尔斯称为"轴心时代"：

卡尔·雅斯贝尔斯

　　在中国，孔子和老子非常活跃，中国所有的哲学流派，包括墨子、庄子、

列子和诸子百家，都出现了。(《历史的起源与目标》)

"轴心时代"的人类思想巨子，几乎不约而同地从各自的历史与人文深处"苏醒"，代表了各自民族与时代的人文精神和思想深度。希腊的苏格拉底与柏拉图，以色列、巴勒斯坦的耶稣，印度的乔达摩·悉达多（佛陀），与中国的老子、孔子等古哲一起，成为一颗颗永远闪烁于世界文化苍穹的灿烂星辰。他们所创始与展开的宗教、哲学与伦理学等思想活动有先后，其文化素质、内涵、机制及精神面貌等大相径庭，却共同实现了"轴心突破"以及每一民族与时代的文化"祛魅"与解放。

这一"轴心期"中国儒道文化的根源，是由神话、图腾与巫术构成的上古原始"信文化"。而其中的巫文化，主要是盛于殷周的甲骨占卜与《周易》巫筮。正如熊十力所说："易者，儒道两家所统宗也。"(《新唯识论》)"轴心期"中国儒道等思想、哲学的直接根源之一，便是《周易》。

《周易》作为伟大的中华人文经典，数千年来对中国文化有着深远的影响，被称为"古代东方奇书"。它保存了中华文化原型的历史与人文资源，蕴含着原始巫学、数学（这里所谓"数学"主要指命运之学，是数即象、象即数之学，即王夫之所说"象数相倚"之学，一定意义上，与现代自然科学的"数学之母"相系）、仁学、哲学、史学、美学与文学等多方面、多层次的文化因素，是一个集中华古代天理、命理、圣理、哲理、心理与文理等于一炉，不无文化迷信却尤为原初的文化集成，其文化蕴涵的广博与深邃，不是其他中华人文经典所能比肩的。

《周易》这一"奇书"，究竟"奇"在哪里？

其一，"奇"在它的符号。

世上的典籍书册浩如烟海，不可胜数，绝大多数只有文字，而无其他特殊符号。《周易》并非如此。

今本《周易》除了卦爻辞和《易传》十篇文辞外，还有阴阳爻符、八卦、六十四卦以及河图洛书、先天后天八卦方位等符号及其文字说明等，是一个庞大而深微的知识体系，可以"致广大，尽精微"之辞概括。这一象数、图书之学，发展至清代愈来愈繁，据说其图式竟有三千余种，扑朔迷离，盘根错节，令初涉者一时山重水复、迷踪难寻。

可能有人会说，不对吧，西汉末年扬雄所撰《太玄》，也是除了文辞还有特殊符号的，称为"八十一首"。扬雄的撰作，自有其创造。《周易》所崇尚的，是一分为二的思维方式，首先体现为阴爻--、阳爻—两个筮符；《太玄》的"首"，为一分为三的思维方式，画作—、--、---。《周易》是一而二，二而四，四而八，八而十六，十六而三十二，三十二而六十四；《太玄》则一而三，三而九，九而八十一。《太玄》的这一思维方式，受启于《周易》是肯定的，或者可以说，一定程度上步了《周易》后尘，是将《周易》六十四卦，变成了《太玄》八十一首。《太玄》的符号系统，其实并非原创，一定程度上正如古人所言，《太玄》为"拟《易》之作"。

《周易》作为"五经之首"与原本巫筮的一个重要文本，在世界所有巫书中，是独一无二的。

假如你初涉《周易》，一般会遭遇三大阅读困难：通篇《周易》文辞，简古而不易读识；卦爻符号系统，令人莫知所以；文辞与筮符之间复杂而幽邃的文脉联系，构成了一道道不易冲破的认知障壁。有人曾经不无夸张地说，《周易》这部经典，其实是一个玄深的"黑洞"，无论你投入多少，它都不会有多大反响，以至于一直被西方学人称为"东方神秘主义的代表之作"。

其二，"奇"在它的所谓神秘。

《周易》的所谓神秘，在于其本源意义的"巫"。

人类巫文化起源很早，《周易》巫筮源于数占，以龟卜为前引，与远古曾经盛行的占星术、望气和风角等原始巫文化一样悠古而神秘。

我们熟悉的"望气"，只需抬头望测天空云状与动向等，就能立即作出吉或凶的巫性判断。比如紫气东来为吉，看见"扫帚星"会遭厄运等，这属于"天启"巫术。

甲骨占卜这一类巫术，既重"天启"，又重"人为"。龟甲或者牛骨等，都是自然长成的，又经过人为颇具深度的改造。譬如龟卜，须

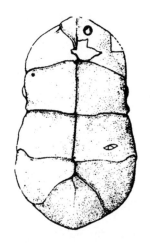

河南舞阳贾湖遗址出土距今约 9 000 年的卜甲拓片

经捉龟、衅龟（举行以血涂龟的请龟仪式）、杀龟、磨龟、钻龟、灼龟、淬龟、刻龟与藏龟等步骤，比起"天启"巫术来，其"人为"因素显然大大增加了，可以称为"半天启半人为"的巫术。

《周易》占筮与此不同，它是人类巫术中最高级的一种文化方式。它以象数"互渗"为占筮机制，所用占筮"神策"如筮竹、筮草之类，取之于自然界，又经过了人为的改造。尤其是它不离于象数的推演，须经过"十八变"的复杂占筮过程，才能决定变卦变爻，作出吉凶休咎的判断。其繁复、烦难程度无以复加，极富不离于神性、灵性与巫性之"天启"的人为因素，为其他巫术所远不及。这一点，即使从朱熹《周易本义》的《筮仪》一文亦能见出。有鉴于这一巫术重于"人为"的方式与程度，不妨将《周易》始终不离于"象"的"数的巫术"称为"人为"巫术。

《周易》"象数"巫文化的人文智慧水平与程度，在所有巫术中，无疑是最高的。西方文化人类学代表作泰勒的《原始文化》、弗雷泽的《金枝》、马林诺夫斯基的《巫术科学宗教与神话》、列维－布留尔的《原始思维》以及伊利亚德的《萨满教：

古老的入迷术》、格拉夫的《古代世界的巫术》、托马斯的《16
和17世纪英格兰大众信仰研究》等记述了无数的巫例，却没
有哪一个巫例的文化仪轨、操作、机制与内涵等如易筮这样，
充满了始终不离于"象数"之复杂推演的原始巫性与原始理性
因素。

《周易》筮数，除了指天命、命理（劫数，命里注定）外，
还同时蕴含着未曾与天命、命理观分离的自然科学意义的朴素
理性的萌芽。这一思维萌芽，尚未冲破象、数"互渗"的"原
逻辑思维"（《原始思维》）的文化"冻土"，却已经来到了文化
上由"冬"入"春"之明媚时光的入口处，从原始混沌的"原
逻辑思维"对于思维"矛盾"的永远"不关心"（同前），发展
到了终于要突破这一思维域限的地步。

《周易》象数互渗的巫筮，始于"数卦"（数字卦）。初民
"识数不过三"，"三"之后是什么数，是他们无力想象的，只
知道"大"到不可思议而无以把握。因而八卦由三个爻构成，
"三"这个数，曾经有无穷大的含义，尔后才有六爻所构的重
卦出现。这种本具巫术迷信的朴素理性思维的进步，让《周
易》素朴的原始理性的"数思维"与"象思维"叠加在一起，

有能力从天命、劫数的文化迷信中曲折地生长，开启而逐渐完成西方学者所说的原始"理性化"过程。法国著名学者汪德迈说，《周易》巫筮的"数卦并非龟卜兆裂的附加物，而是以新的占卜（引者按：占筮，卜不等于筮）符号设计取而代之，后者比骨占、龟占的材质预制更巧妙：转化为数"，并且开始发生"象征符号体系向数字符号体系的飞跃"（《中国思想的两种理性：占卜与表意》），说的便是这一文化现象。

无疑，《周易》的一整套算卦模式，从阴阳爻到六十四卦，是一种有序的逻辑思辨的架构，被西方学者誉为中国文化思维与思想的"早慧"与"早熟"，从而实现从"巫"走向"史"的文化建构，这是世界上其他原始巫文化都没有能够完成的思维与文化的飞跃，成为古代中华从"巫"到"史"的"巫史传统"的典型文化现象之一。

由《周易》所开启的"数的巫术"即"数术"，综合了在此之前包括甲骨占卜在内的中国一切巫文化的样式及其内蕴，提升了中国巫文化的思维质地与品格，成为人类巫文化中出类拔萃的一种以及中国一切巫文化样式的代名词。《汉书·艺文志》曾以刘歆《七略·术数略》为蓝本，将具有巫性的"天文、历谱、五行、蓍龟、杂占、形法（堪舆）"等六类，都称为"数术"或"术数"，可见《周易》巫筮在中国巫文化领域中的主流地位。

《周易》这一数术及其"史"文化，一定程度上具有中国人文经典的崇高地位。从西汉"儒学经学化"，到东汉"经学谶纬化"，易学一直是其中的一个文化主角。从"五经之首"到"十三经之首"，作为"群经之首"，《周易》成了历代儒生笺注、阐释最多的经典。历代关于《易》的传、注、疏不可胜数，迄今传世且重要的就有一二百部。有人曾经做过统计，历代注释群经的著述中，将其余人文经典加在一起，都没有一部《周易》多。易学作为"第一国学"，实至名归。

与经学、易学相系的孔子，无愧于中国文化史上最著名的"大先生"的美称；《周易》，则是人所共知的中华人文经典的杰出代表，与印度《吠陀》、西方《圣经》并列。

历史上，大批儒生奔求功名心切，第一部要熟读的，便是《周易》。第一期、第二期到第三期"儒学思潮"的涌起，都与易学息息相关（学界一般将中国儒学的历史与人文发展分为三期：先秦孔孟的原始儒学为第一期，宋明理学为第二期，"五四"以来为第三期）。中国历代大量易著所阐发的观念、思想及其命题与范畴等，构建了始于战国直至今日一部恢弘而浩荡的易学史。真正说不尽的，是易理。易学，一直是"第一国学"。《易》道广大，无所不包。旁及天文、地理、乐律、兵法、韵学、算术，以逮方外之炉火，皆可援《易》以为说。"（《四库全书总目·经部·易类一》）虽然夸誉有过，世上绝没有哪部书的文化思想的内涵，可以囊括、穷尽这个无穷大千世界的一切，做到"无所不包"，然而《周易》文化意蕴的庞繁、深邃与独特，确实是其他典籍所无可比拟的。当然，它也控制、耽误了史上无数聪明的头脑。

其三，"奇"在二律背反的杂糅。

《周易》所蕴含的巫性理念，在于崇天与知命、媚神与渎神、拜神与降神的二律背反又合二而一。迷信与理智交互，琐屑同庄严相依，平庸与深刻比邻，崇拜同审美偕行，等等，何等"奇妙"地杂糅于一书。

不啻云泥的文化品质，以及天壤之别的文化评价，唯有《周易》一书可以"当之无愧"。

秦始皇嬴政曾采纳李斯之言而焚书坑儒，诏令"天下敢有藏《诗》、《书》、百家语者，悉诣守、尉杂烧之"，"非秦记皆烧之"，一时九州震动，人人喑若寒蝉。而"所不去者，医药卜筮种树之书"。（《史记·秦始皇本纪》）文网恢恢，疏而不漏，唯有巫书包括《周易》等，却能得逃秦火，究竟是什么缘故呢？

明代王阳明曾说："卜筮是理，理亦是卜筮。天下之理孰有大于卜筮者乎？""卜筮者，不过求决狐疑，神明吾心而已。《易》是问诸天人，有疑，自信不及，故以《易》问天。"（《王阳明全集》卷三《语录三》）

"天下之理"孰为"大"？未有大于"卜筮者"。试问何以如此？《易》是问诸天人"的。王阳明的不周之处，在于指明中国古代天人之学源自卜筮的同时，却将卜筮包括《周易》的巫筮文化，混同于一切天人之学与"天下之理"。《易》的文化功能，确在于"问诸天人"，而"天下之理"，远不是《周易》巫筮所能穷尽的。

趋向于穷尽而永远无以穷尽的"天下之理"的，并非关于《周易》巫筮的虔诚迷信，而只能是不断进步、不断飞跃的自然科学与人文社会科学及其整合。

力求正确评估《周易》的文化意义与价值，在于首先必须厘清《周易》的文化本体究竟是巫学还是哲学这一问题。

《周易》本经的哲学意蕴，主要体现于六十四卦卦序的有序排列。本经六十四卦，构成"二二相耦，非覆即变"（孔颖达《周易正义》）的态势与格局。三十二对卦体每相邻两卦，或"覆"或"变"，或"覆变"相兼（下详），显然出于一分为二、合二为一的哲学思辨，然而这一卦序思维，并非易筮的原始面目。

《周易》的编撰者，将既济卦安排为第六十三卦，又将未济卦作为六十四卦系统的最后一卦，显然是有意为之的，意在表达物不可穷尽的易理即哲理，认为世间一切存在都是未完成的，都是一个永恒化变的时间历程。

长期以来，学者敏锐地看到《周易》富于哲学之思这一点，得益于从"五四"至今百余年间，治《易》者多为哲学研究者，这自当应予肯定，亦因在那些特定年代，觉得讲哲学比较"安全"，不至于被误解为宣扬迷信。然而这样做，倘若导致否认《周易》原本巫筮之书，或错将哲学看作整部《周易》

的思想，则是不值得肯定的了。

有当代学者说，《周易》原本并非卜筮之书，卦爻辞不是筮辞，他们依章太炎、胡朴安的"六经皆史"（这里的"史"，指历史）之说，认为《周易》是一部历史记事与揭橥历史规律之作，斥"易字本诂为卜筮"为"烟雾迷离之说"，断言"占筮与《周易》本来无缘"。（宋祚胤《周易译注与考辨》）

这一见解，并未触及《周易》为"哲学著作"一类的看法，却将中国哲学的本根之一为"巫"这一点否弃了。

尚秉和先生曾经论析"易之义"，称："说者以简易、不易、变易（引者按：统指哲学）释之，皆非。""简易、不易、变易，皆易之用。非易字本诂。本诂固占卜（占筮）也。"（《周易尚氏学·总论》）此是。

《周易》原本巫筮之书。正因为以巫筮的"变"这一原始易理作为其人文基础，才能经《易传》而发展为"简易、不易、变易"如此深具哲学意义的易理。假如否定巫筮之易，则《易传》的哲学与伦理学等，便成为无源之水、无本之木，才是真正的"烟雾迷离之说"。

无疑，《周易》哲学思想之类的历史与人文本根，主要在于原巫文化；中国哲学等的根因根性之一，在于卜筮文化本身。

一个民族的哲学与其相系意识形态的思想质地与底蕴，在其文化母胎里已经孕育，决定于它的文化基因。从这个意义上说，不妨将整部《周易》称为"中国式的文化学著作"。

《周易》的人文思想，仅仅称其为巫学或哲学或巫学加哲学，都是欠妥的。它确实是一种巨大、繁复而深邃的"综合文化集成"，其母体为巫筮，其哲学、仁学与美学等意识形态，是承继与发展其文化血缘的"子裔"。

为求正确地解读《易传》哲学等的文化真谛，我们首先必须"回到原点"，从研习易之原始象数开始，进而研习象数与哲学义理等的种种文脉联系。

重温一下梁启超关于"以复古为解放"这一见解，是必要的。

梁先生认为，对于"清学"研究而言，"第一步，复宋之古，对于王（阳明）学而得解放。第二步，复汉唐之古，对于程（颢、颐）、朱（熹）而得解放。第三步，复西汉之古，对于许（慎）、郑

（玄）而得解放。第四步，复先秦之古，对于一切传注而得解放"（《清代学术概论》）。

此言大善。

就《周易》本经的解读而言，在努力研究巫性象数的前提下，摆脱《易传》那种颇为浓重的道德说教，首先以原始巫学的理念与方法解释筮符、卦爻辞及两者的文脉联系，应是一种关于易学的"以复古为解放"。

梁启超五十五岁像

梁启超在中国学术的现代转型中起到了关键的作用

《周易》本经与《易传》之间的历史与人文联系，同样值得注意。《易传》是现存最早最重要的易学概论，富于哲学、阴阳五行之学、仁学与美学等"现代性"的意识与思想资源，具有由"巫"文化而提升为"史"文化的巨大思想意义与价值，也保存了"古筮法"等一些巫学的内容，不容忽视。

然而，《周易》本经的成书与《易传》的成篇，大约相距七八百年甚至更长时间，倘然以《易传》解读先在的本经，往往失之千里。

如本经乾卦卦辞"元亨利贞"四字，应句读为"元亨，利贞"。其意为，筮遇乾卦，可进行祖神祭祀，是吉利的占问。这里，元，原始义，指祖神；亨，享字借代，享有祭义；利，吉利之谓；贞，卜问、占问义。

《易传·文言》由本经卦辞发挥云："元者，善之长也。亨者，嘉之会也。利者，义之和也。贞者，事之干也。"四者嬗变、提升为"君子四德"，所谓"君子行此四德者，故曰'乾：元，亨，利，贞'"也。

"元者""善之长"，指乾德即天德为众善之首。"亨者""嘉之会"，指以乾坤、天地相和为善美。《说文》："嘉，美也。会，合也。"连斗山《周易辨画》称"两美相合为嘉，众物相聚为会"。"利者""义之和"，荀爽《易》注云："阴阳相和，各得其宜，然后利矣。"义，通宜。"贞者""事之干"，李道平《周易集解纂疏》："《诗诂》云：'木旁生者为枝，正出者为干。'是干有正义。"这里的"贞"，已由本经的贞问、卜问义，转化为道德人格的正固之义。

坊间太多《易》注，都以《易传·文言》之说，解读本经的"元、亨、利、贞"四义，这是将《易传》的道德说，附会七八百年以前本经卦辞的本义。

中国易学史上，最早解读《周易》卦爻辞的，大约为《子夏易传》。其文有云："元，始也；亨，通也；利，和也；贞，正也。"这一解读，为《易传·文言》所吸取，李鼎祚、孔颖达与朱熹等都有引用，都有些"以传解经"的毛病。

解读《周易》本经，倘然一切唯以《易传》马首是瞻，岂不违背梁启超所提倡的"复先秦之古，对于一切传注而得解放""以复古为解放"的治学原则？这种"以传解经"的易学传统，必须予以纠正，应该提倡"以经解传"。易学史上"以经解传"的孤例，是秉承乾嘉之学统的崔述。他说，"不以传注杂于经"，"以经为主，传注之与经合者则著之，不合者则辨之"，自称"考信"。（《崔东壁遗书·考信录》）

一 《周易》五问

1. 为什么叫"周易"

"周易"作为书名，最早见于《左传·庄公二十二年》，即公元前 672 年。其文云："周史有以《周易》见陈侯者，陈侯使筮之。"周史，指周朝史官，一般兼善《周易》演策算卦，预测家国、人生的命运休咎等。陈侯，指春秋时陈厉公。

这雄辩地说明，起码早在大约两千七百年前的春秋时期，已有用于占筮的《周易》一书流传于世。

书名"周易"究竟指什么，值得加以讨论。

易学史上，关于《周易》的"周"，主要有三种解读。

其一，"易道周普，无所不备"。

此说始于东汉郑玄，为贾公彦、姚配中等所从。郑玄此见，依据《周礼·太卜》"三易"之说："夏曰'连山'，殷曰'归藏'，周曰'周易'。连山者，象万物之出云，连连不绝；归藏者，万物莫不归藏于其中；周易者，言易道周普，无所不备。"（《易赞》）

唐贾公彦亦云："《连山》《归藏》皆不言地号，以义名易，则'周'非地号。《周易》纯乾为首，乾为天，天能周匝于四时，故名易为'周'也。"（《周礼》疏）

清姚配中如此解读："周，密也，遍也。言易道周普，所谓'周流六虚'者也。"并引《易传·系辞》之言加以论证："《系辞》云：'易与天地准，故能弥纶天地之道。'又云'知周乎万物'；又云'周流六虚'。盖《易》之为书，始终本末，上下四旁，无所不周，故云'周'也。"称："其不言'易周'何？周而后知易也。天之行度名曰'周'，北辰之居谓之极，因天之运行不一知天之极，故曰乾坤成列而'易'立乎其中矣"，"'周'者，乾坤之阴阳，而'易'之元也"，故所谓"周"，"言其周流而无不遍者，皆易也"。（《周易姚氏学》）

尚秉和释"周"，亦持"易道周普，无所不备"义："周

者，易之理。十二消息卦，周也。'元亨利贞'，周也。'大明终始，六位时成'，周也。"（《周易尚氏学》）

这一以《易传》及后代哲学思想为据的解读，并不符合《周易》之"周"的本义。在《周易》本经成书之前，以易之卦爻为筮，仅为预测吉凶而已，尚未具有成其理论形态的哲学之思。所谓"易道周普，无所不备"，为后代思想，并非《周易》文化智慧的本来面目与基本精神。《周易尚氏学》所言"十二消息卦，周也"的易理，是汉代易学家的思想。《汉书·京房传》有"房以消息卦为辟，辟，君也"之记。"十二消息卦"又称"十二辟卦"或"十二君卦"。以"周普"之道解读"十二消息卦"，自是有理，而实际并非《周易》之"周"的本义。

其二，"周原""周代"。

此说为诸多《周易》学者所持。唐孔颖达持"周"为"（朝）代号"之见："案《世谱》等群书，神农一曰连山氏，亦曰列山氏；黄帝一曰归藏氏。既连山、归藏并是代号，则《周易》称'周'，取岐阳地名。《毛诗》云'周原朊朊'是也。又，文王作易之时，正在羑里，周德未兴，犹是殷世也，故题

周原遗址大型建筑基址

先周时期，2020 年发掘

'周'别于'殷'。以此文王所演，故谓之'周易'。其犹《周书》《周礼》，题'周'以别余代。故《易纬》云'因代以题周'是也。"（《周易正义》）

称《周易》的"周"为周原、周代，当属有理。周原，在今陕西扶风、岐阳县境，为古公亶父从陕西旬邑迁徙于此建立都城的发祥之地。文王为商纣所囚，演易于今河南汤阴羑里，时在商末，周尚未建立。《周易》一书题名曰"周"，确是为了与"殷易"即"归藏易"相区别。至于称"周"具"易道周普，无所不备"义，黄优仕说："窃谓前说以周为取普、遍之义，纯属臆揣，殊欠的当。"（《周易名义考》）

其三，既指周原、周代，又指"易道周普，无所不备"。

持这一见解的，主要为唐人陆德明。他说："周，代名也；周至也，遍也，备也，今名书，义取周普。"（《经典释文》）这是将有关"周"的两种说法加以综合，挺全面而实际不甚妥当。陆德明此说，遭到了同时代而生年稍晚的孔颖达的批评："先儒又兼取郑说，云既指周代之名，亦是普遍之义，虽欲无所遐弃，亦恐未可尽通。"（《周易正义》）

上述诸种有关《周易》之"周"的解读，大致属于哲学或历史学范畴。

这里，我姑从文化人类学关于巫学的角度略加阐说。

邓球柏《〈周易〉书名浅说》引东汉许慎《说文》"周，密也"一语，指出《周礼》所言"傅人则密"的"密"，有工匠制器而审度周密之义。凡审度周密者，必循正道，即遵循物性、物理之则行事。此所以《周礼》郑注称："密，审也，正也。"尔后才有"周正"一词。邓说有理。郝懿行《尔雅》义疏："正亦贞也。""正"通"贞"，《易传》有"贞者，事之干也"之说。李道平《周易集解纂疏》引《诗诂》释"正"有云："木旁生者为枝，正出者为干。"故"干"有"正"义，而"贞"又有"干"义，故"正"通"贞"。

贞字本义为"卜问"，此《说文》所谓"贞，卜问也"。《周易》本经诸多贞字，皆应作卜问解。贞，甲骨卜辞写作𪊨。贞字本义为卜问（占问），引申为"正"（正固）。先民几乎每事必卜必筮，卜筮为人生正道，此《易传》所以称"贞固（道德正固）足以干事也"。

《周易》通识

不难理解，书名"周易"之"周"，就其本义而言，具有"密"的意义，"密"有"正"义，"正"通"贞"，"贞"之本义为"卜问"（占卜、占筮）。

因而，《周易》的"周"，有巫性卜问义。其内在联系为：周—密—审—正—贞（卜问）。

《说文》云："周，密也。从用口（实为囯字初文，写作"口"，读 wéi，许慎有误）。""用，可施行也，从卜从中。"用，甲骨卜辞写作用等。有学者以为，此为卜字与中字部分重叠。中，甲骨卜辞写作雀（郭沫若《殷契粹编》五九六）等。

甲骨卜辞的中字，为远古时代巫性晷景（影字初文）之具的文字表述。晷景为远古测影之具。"这'中'的中间一竖表示标杆；中间一竖与方框'口'表示装置；'≈'表示具有方向性

北京故宫乾清宫前日晷

的移动的日影。测日影的标杆必须竖得很直，垂直于地面，否则测得的结果就不会准确。标杆垂直于地面说明其方位与形象得‘正’；测得的结果准确说明得‘中’（读去声）。"（拙著《巫术：〈周易〉的文化智慧》）李玲璞、臧克和、刘志基说："甲骨文中已出现‘中’这个字形，写作，据学者们考定为测天的仪器；既可辨识风向，也可用来观测日影。"（《古汉字与中国文化源》）此是。

这便是说，《说文》所言"从卜从中"之"用"的本义，实为"卜中"义，指远古时代测影兼测风的巫术行为。在甲骨卜辞中，卜中亦称"立中"。卜辞有"无风，易日"，"丙子其立中，无风，八月"（胡厚宣《甲骨六录》双一五），"立中，无风？丙子立中，允无风"（王襄《簠室殷契徵文》天十）等记，可以此为证。

《周易》的周字"从用口"而非"从用口"，将"周"直接释为"卜问"义，欠妥。由其"从用口"且"用，从卜从中"可知，周字本义，指原始井田的区域范围且具巫性意味，口，象井田四周围合的区域。

古文字学界，多有以《说文》之说释"周""从用口"的用字义，为"望文生义"（于省吾主编《甲骨文字诂林》第四册）之见，可参。

徐中舒以为，周字甲骨、金文等本训，应予考虑其古义蕴涵，即往往富于神性、灵性与巫性意识这一点。"从用口"的用字，有"占卜，巫师即可用以决定吉凶"（《古文字论集初编》）之义。

《周易》本经乾、坤二卦有"用九""用六"两条辞文，高亨释为"通九""通六"。称"用九犹通九，谓六爻皆九也"，"用六犹通六，谓六爻皆六也"（《周易大传今注》），都与占筮相系，亦可为佐证。

《周易》的"易"，亦有多解。

其一，许慎《说文》云："易，蜥易（蜴），蝘蜓，守宫也。象形。"此为黄寿祺张善文《周易译注》所从，"其字篆文作'易'，正象蜥易之形"。蜥蜴，爬行动物，壁虎之类。或有称"变色龙"者，行踪诡秘，其色多变。据古代传说，有一种蜥蜴，一日能变十二种颜色。始皇时"变色龙"进贡入宫，用以守护宫门，因其多变，令人不敢擅自入宫，故称"守宫"。蜥蜴一目之中，又有所谓四脚蛇，生存于荒野杂草丛中，行迹不易为人发现，更增添了神秘、幻变的神话意味，故易字本有"神秘之变"义。

其二，《说文》引录"秘书说：'日月为易，象阴阳也。'"此指易字本义为日月"阴阳之变"。虞翻《易注》引《周易参同契》云，易"字从日下月"，即易字上从日、下从月，取《易传》"日往则月来，月往则日来"义，亦宗"变易"之说。

其三，《易纬·乾凿度》："孔子曰：'易者，易也。变易也，不易也，管三成为道德苞籥。'"张惠言《易纬略义》引郑注："管，犹兼也。"此指易字兼简易、变易、不易三义，且具道德哲学之义。

简易，事物万变而不离其宗，无不构成一与多之关系。

变易，孔颖达云："夫易者，变化之总名，改换之殊称。自天地开辟，阴阳运行，寒暑迭来，日月更出，孚萌庶类，亭毒群品，新新不停，生生相续，莫非资变化之力、换代之功。"（《周易正义序》）

不易，《易纬·乾凿度》称："不易者，其位也。天在上，地在下，君南面，臣北面，父坐子伏，此其不易也。"此为从政治道德之"位"说"不易"，以"天在上""地在下"加以证明。从哲学角度说"不易"，可理解为：天地万物的恒变本身，是永远不变的。

其四，毛奇龄《仲氏易》的四库提要有云："大旨谓易兼五义：一曰变易，一曰交易，是为伏羲之易，犹前人之所知。一曰反易，谓相其顺逆，审其向背，而反见之，如屯转为蒙，咸转为恒之类。一曰对易，谓比其阴阳，絜其刚柔而对观之，如'上经'需、讼与'下经'晋、明夷对……一曰移易，谓审其分聚，计其往来，而推移上下之。"（《四库全书总目·经部·易类六》）黄寿祺解说："谓易兼变易、交易、反易、对易、移易五义，虽未为详备，要不为冥心臆测，用心固亦勤也。然其以变易、交易属之伏羲，以反易、对易、移易属之文王，则未见其必是矣。"（《周易名义考》）其实，这里所谓交易、反易、对易与移易云云，都统属于变易这一易理。

其五，黄振华据金祥恒《续甲骨文编》所录易字写作，以为"这是一个象形字，依笔者的了解，其象形的意义可有二种：一是象征日出，一是象征日落。上半部的尖顶表示日初出时的太阳或者是日落的太阳，只显出了一半；中间那条弧线则象征海的水平面或者是山的弧线；下面三斜劈线则象征太阳的光线。总之，这一个象形字，是象征日出时的景象或日落时的景象。"（《论日出为易》）该文继续说，《易传·系辞上》有"乾知大始"，"法象莫大乎天地"，"悬象著明莫大乎日月"语，此即"太阳代表阳刚，即象征乾卦，一日之间的现象变化从'日出'开始，故'日出'象征了'乾知大始'的意义"，"在天文现象中最显著代表乾刚之象的莫过于太阳了，故以'日出'来象征'乾知大始'，最恰当不过。二是……'日出'表示昼夜交换，昼夜变换也可以说是日月的变换，二者都象征了阴阳变化的意义，故以'日出'来象征阴阳变换"。

以上诸说，是否在理，可供讨论。

我另有一说，可供参考。

甲骨卜辞的易字，写作（罗振玉《殷虚书契前编》六、八、四二）、（郭沫若主编《甲骨文合集》五四五八）、（《甲骨文合集》八二五三）等，象人以双手将液体（通常为水）从一个容器（陶罐）倾倒于另一容器。这是最古的易字。

后来，古易字的书写形式逐渐简化，演变为 🖎。最后仅剩半个容器的象形，为 𧾷。春秋战国的篆文，易字的写法定形为 𤾷。

这一将液体（水）从一个容器倒向另一个容器，从而改变液体存在形态的实践行为，今天看来毫无神秘可言。可在初民心目中，液体譬如水的流动，开始是百思不得其解而深感神秘的。尤其是天降暴雨、山洪暴发、洪水泛滥导致水灾死人的遭遇，让先民深感恐惧，便逐渐建立起天有天神、水有水神等关于"变"的原始信仰。久之，随着先民生活遭遇、实践经验的不断积累和加深，诞生了一种企图把握这一神秘莫测之"变"的意识与实践，衍生出富于神性、灵性与巫性的文化理念，正如这一古易字所体现的，即相信液态之水那种神性而骇人的变幻无定，企图以一种人为的实践方式（马林诺夫斯基称为"伪技艺"）把握这一"变"的事件，体现了原始巫性实践对于人自身命运休咎的关切。

《说文解字》解读易字的造型时曾说："一曰从勿。"称易字楷体上从日而下从勿，可谓望字而曲解矣。古易字的上部，并非日字，而是盛水容器把手的文字象形；其下部亦非勿字，而是半个容器腹部及其水滴的象形。《说文》"从勿"之说，以往无人读识，故黄寿祺、张善文说："唯'从勿'之义，则颇难通。"(《周易译注》)

要之，《周易》以"周"与"易"相配的这一书名意义，指周原、周代之易，蕴含一定的巫性人文意识。从文化根因根性看，《周易》的"易"，富于神性、灵性与巫性事物"变化"义，尔后才发展、升华为哲学上"变"的意识、理念与思想。

2.《周易》的本子主要有几种

现存《周易》的本子主要有三种。

（1）帛书本

1973年底，发掘于湖南长沙马王堆三号汉墓，全文书写于帛书之上，凡二万余字，有经有传，学界称为"帛书《周易》"。

内容包括经、传两部分。

其一,六十四卦卦符、卦名与卦爻辞等，在卦序体例与文

湖南马王堆三号汉墓

辞上，与今本即通行本《周易》有不同。每卦六爻以一（一）、

ﾉﾚ（八）两个"数"符相构，类于楚竹书《周易》的"数"

符一、八。尚未出现今本那样的阴阳爻符号，可证其问世年代

应早于今本《周易》。

　　帛书《周易》经部六十四卦卦爻辞，凡四千九百三十四

字，不同于今本《周易》（约有九百六十字）。卦名多有不一，有

三十五个卦的称名不同于今本，如"乾"作"键"、"坤"作

"⦉⦉⦉"、"临"作"林"、"坎"作"习赣"、"咸"作"钦"等。

　　帛书本的六十四卦卦序，遵循八宫相重的排列原则。每卦

下卦的八个八卦，按一定次序与同一上卦构成八个重卦。八个

下卦依次排列为：键（乾）、⦉⦉⦉（坤）、根（艮）、夺（兑）、习赣

（坎）、罗（离）、辰（震）、筭（巽）（括号里为今本《周易》的相

应卦名）；上卦八个八卦的排列次序依次为：键（乾）、根（艮）、

习赣（坎）、辰（震）、⦉⦉⦉（坤）、夺（兑）、罗（离）、筭（巽）。

　　帛书《周易》六十四卦卦序的排列，体现了齐整、均衡的

美。与今本《周易》六十四卦卦序比较，特点十分显明，属于

《周易》卦序理念的另一系统。学界亦有认为，这是对于今本

上卦 下卦	乾 天 7	兑 泽 6	离 火 5	震 雷 4	巽 风 3	坎 水 2	艮 山 1	坤 地 0
乾 天 7	乾为天 63	泽天夬 62	火天大有 61	雷天大壮 60	风天小畜 59	水天需 58	山天大畜 57	地天泰 56
兑 泽 6	天泽履 55	兑为泽 54	火泽睽 53	雷泽归妹 52	风泽中孚 51	水泽节 50	山泽损 49	地泽临 48
离 火 5	天火同人 47	泽火革 46	离为火 45	雷火丰 44	风火家人 43	水火既济 42	山火贲 41	地火明夷 40
震 雷 4	天雷无妄 39	泽雷随 38	火雷噬嗑 37	震为雷 36	风雷益 35	水雷屯 34	山雷颐 33	地雷復 32
巽 风 3	天风姤 31	泽风大过 30	火风鼎 29	雷风恒 28	巽为风 27	水风井 26	山风蛊 25	地风升 24
坎 水 2	天水讼 23	泽水困 22	火水未济 21	雷水解 20	风水涣 19	坎为水 18	山水蒙 17	地水师 16
艮 山 1	天山遁 15	泽山咸 14	火山旅 13	雷山小过 12	风山渐 11	水山蹇 10	艮为山 9	地山谦 8
坤 地 0	天地否 7	泽地萃 6	火地晋 5	雷地豫 4	风地观 3	水地比 2	山地剥 1	坤为地 0

马王堆帛书《周易》六十四卦卦序图

卦序排列的改造。

　　与今本《周易》相比，帛书本的卦名，出现了诸多文字的借代。这可能说明，当时天下文字尚未真正统一（"书同文"），保留了地域与时代的用词差异，亦可证易学的意识、理念正在酝酿、成熟之中。如乾这一卦名，写作"键"，以"键"代"健"（乾），尚无今本那般富于明晰的乾意识。"习赣"这一卦名，实为今本坎卦的先期"数"符表达，这里所谓"习"，可训为重叠义，恰与今本坎卦卦象"坎下坎上"即两个坎卦的重叠相应，却以赣字代"坎"。赣字本义，难以见出坎险之义。今本《周易》坎卦卦辞有"习坎"一词，显然由帛书本卦名"习赣"改写而成，可见帛书本与今本密切的文脉联系。朱熹解读"习坎"有云："习，重习也；坎，险陷也。其象为水，阳陷阴中，外虚而中实也。此卦上下皆坎，是为重险。"（《周易本义》）关于兑卦卦名，帛书本作"夺"，显然由于将兑卦的"兑"，误读成"兑现"的"兑"了，而兑卦卦义，与"兑现"之义无关。兑卦的兑，实为喜悦之悦的本字，应读为 yuè。假如读成兑现的兑，则今本《周易》兑卦初九"和兑，吉"和《象辞》所言"兑，说（悦）也"、《象辞》"和兑之吉，行未疑

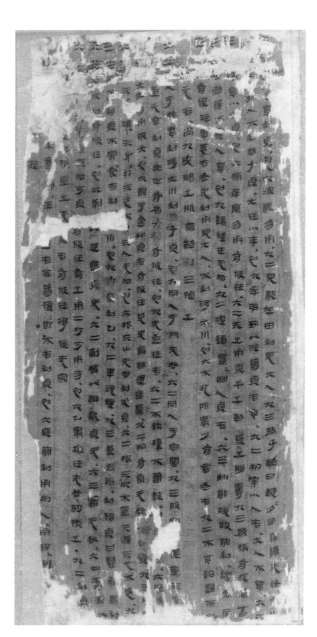

马王堆帛书《周易》局部

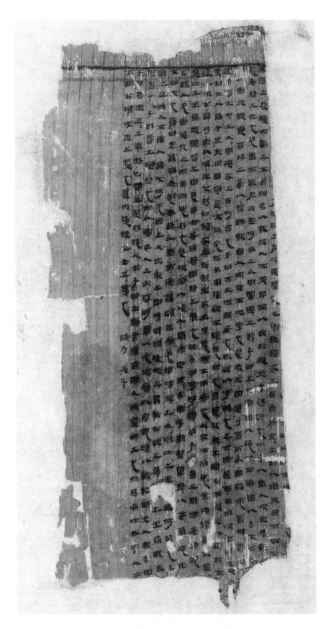

马王堆帛书《昭力》局部

也"的意思，就难以理解了。

其二，帛书《周易》的体例，亦为经、传合编。其传部，包括"帛书易传"与"帛书易传佚书"，凡六篇，一万六千余字。

"帛书易传"，即帛书《系辞传》，其文辞与今本《周易》的《系辞传》有别。如卦象、爻象的"象"这一关键汉字，帛书《系辞传》写作"马"；"易有大（太字初文）极"，写作"易有大恒"（有学者以为，易学史上先有"大恒"之说，后因避汉文帝刘恒之讳，改称"大极"）。此"传"缺今本《系辞传》某些文字内容，如没有今本"大衍之数五十，其用四十有九"有关古筮法即"大衍筮法"的记载等。

"帛书易传佚书"，包括《二三子》《易之义》《要》《缪和》《昭力》五篇。

《二三子》，主要为孔子对《周易》本经所作的诠解。如中孚卦九二爻辞"鸣鹤在阴，其子和之。我有好爵，吾与尔靡之"的解读，为"子曰：'亓（其）子随之，通也；昌而和之，和也。曰和同，至矣。'"又如未济卦卦辞的解读，则为"未济，亨。［小狐］涉川（今本写作汔济），几济（今本无此二字），濡亓尾，无乃（今本作攸）利"孔子曰："此言始易而终难也，小人之贞也。"

《易之义》，主要从哲学与道德角度，论述"易之义"与"天之义""地之义""人之义""万物之义"的关系。如关于坤卦初六爻辞"履霜，坚冰至"的解读是"子曰：'孙（逊）从之胃（谓）也'"，关于坤卦六三爻辞"含章可贞"的解说是"言美请（情）也"，将坤卦六四爻辞"聝（括之代字）囊，无咎"解说为"语无声也"，等等。

在《要》篇中，称"夫子老而好《易》"，记叙晚年孔子治《易》的情形与见解。有学者以为，这是一篇关于孔子原始儒学思想的"重要文献"。如："子曰：'《易》，我后其祝卜矣，我观其德义耳也。幽赞而达乎数，明数而达乎德，又仁［守］者而义行之耳。赞而不（丕）达于数，则其为之巫；数而不（丕）达于德，则其为之史。'"

《缪和》的第一至第五段文字，是关于缪和向"先生"（孔子）问《易》、解《易》的记述。师生共同探讨了诸如坤卦卦辞与六三、谦卦九三与丰卦九四等爻辞的易理。第五段之后，为弟子向孔子问《易》而获得解答的记述等。

《昭力》在《缪和》之后，继续大致从哲学与伦理说《易》。凡三段文字，所论涉及师卦六四、大畜九三与六五、比卦九五、泰卦上六等爻辞的易理。

"帛书易传佚书"五篇的易理内容，保留了先秦原始易学的一些基本见解，属于儒家易学范畴，非一人一时之作。其成篇有先后，最晚当在西汉之初。

帛书本《周易》的发掘，在中国易学史上具有重要意义与价值。

（2）楚竹书本

据《文汇报》1999年1月5日报道，1990年代中叶，上海图书馆从香港文物市场购得一批战国竹简，经过竹简学者多年整理，其中楚竹书《周易》，收录于马承源主编《上海博物馆藏战国楚竹书（三）》，由上海古籍出版社于2003年出版。

该本并非六十四卦完本，仅存三十四卦，共一千八百零六字，其中合文三，重文八。有的卦文字内容严重残损，抄写于五十八枚竹片之上。其中，具有卦符、卦名、卦辞爻辞完整文字内容的，仅为讼、币（师）、比、余（豫）、陵（随）、大竺

（大畜）、颐、豚（遯）、敀（姤）与汬（井）等十卦。有的卦例，如复卦，仅剩六五爻辞"□（此处仅剩半个残字，无法识读）遉（复），亡悬（悔）"与"上六：迷"等极少文字内容，残失严重。这一文字缺失现象，文本体例上无规律可寻，估计并非楚竹书《周易》的原始面貌，可能是因盗墓、发掘、收藏或其他不明原因所造成。

楚竹书《周易》的卦符，每卦六爻纯以一、八两个"数"相构，其文化原型，可能属于殷易系统，与帛书本相类。从"数卦"说分析，该本的成书年代，可能类于安徽阜阳简《周易》残本（该本卦符亦以一、八相构）。

楚竹书《周易》文本的一个显著特点，为有"经"无"传"，与帛书本、今本有别。这种文本现象，可能因尊"经"贬"传"、未将《易传》抄录且入葬之故。

上海博物馆藏楚竹书本《周易》

其抄写年代，大约在战国末期。

楚竹书《周易》文本的另一个显著特点，在于具有六种特殊符号，为：□（红方块）、⊏（红方形内黑马鞍形）、◼（红马鞍形含黑方块）、⊏（黑马鞍形）、⊏（黑马鞍形含红方块）、■（黑方块）。其位置，分别为每卦卦名之后与每卦第六爻辞之后。位置在每卦卦名之后的，整理者以"首符"名之；在每卦第六爻辞之后的，称为"尾符"。其意义尚待考定。

整理者认为，楚竹书《周易》"是迄今为止所发现的最早的一部《周易》"，"楚竹书《周易》的出现为我们了解、研究先秦时期的易学提供了可靠的文物资料，在中国易学史上有着重要的意义"，并指出它"在形式上有三种表示方法，分别为卦画、文字与符号"。"卦画表示：由两个分别独立的经卦组合而成的别卦，以一表示阳爻，以八表示阴爻，这一形式由帛书《周易》、阜阳汉简《周易》承之，与王家台秦简、今本卦画不同"；"文字表示：由卦名、卦辞、爻位（原注：或称"爻名""爻题"）、爻辞等部分组成。其用字、用辞、用句与帛书、今本或有所不同"；"符号表示：楚竹书《周易》中出现了一些组合符号，它既不见于出土文献，也不见于传本（今本）《周

易》"。(《上海博物馆藏战国楚竹书（三）·〈周易〉》) 此指前文所言

作为"首符"与"尾符"的六种特殊符号。

李学勤先生曾将楚竹书与帛书《周易》加以比较，以为

"简本（引者按：指楚竹书本）确有若干胜于帛书本的地方。帛

书有一些字，同简本比照，证明实系错误"。如讼卦卦辞"今

本'中吉'，简本全同。而帛书本释为'克吉'，已有学者指出

'克为中之讹'。细看原件照片，帛书这个字其实是'衷'（引

者按：中字借代）。"睽卦上九，"今本'匪寇婚媾'，'婚'字简

本作'昏'，帛书本从'门'从'梦'，现可证明是'闇'字误

写"。(《周易溯源》)。

（3）今本（通行本）

此即本书《通识》所解读的《周易》，也称通行本《周易》

或《易经》，为两千多年来在中国与世界实际影响最久、最广、

最深的《周易》本子。所谓"五经之首""群经之首"等，皆

就今本《周易》而言。从《子夏易传》开始直至当今易学，整

个易学史的基本内容与思想，主要是由这一《周易》本子无数

而不断的笺注、解说与发挥所构成的，所谓易学为"第一国

周易注疏卷第一

國子祭酒上護軍曲阜縣開國子臣孔頴達奉

勅撰

乾下
乾上　乾元亨利貞　[疏]

正義曰乾者此卦之名謂之卦者易緯云卦之但二

卦者掛也言懸掛物象以示於人故謂之卦但二

畫之體雖象陰陽之氣未成萬物之象未得成卦

必三畫以象三才寫天地雷風水火山澤之象乃

謂之卦也故繫辭云八卦成列象在其中矣是也乃

有但初有三畫雖有萬物之象於萬物變通之理猶

未盡故更重之而有六畫備萬物之形象窮天猶

下之能事故六畫成卦此卦六爻皆陽畫成象天也此乃

橫諸陽氣而成天故此卦也六乾卦本以象天天乃

《周易注疏》，南宋初两浙东路茶盐司刻（递修）本

魏王弼、晋韩康伯注，唐孔颖达疏，又名《周易正义》，《周易》标准通行本学"，亦主要就今本《周易》的诠解与发挥而言。

今本《周易》，由本经、《易传》两部分构成。

本经 包括六十四个卦符、卦名、六十四条卦辞、三百八十四条爻辞与乾"用九"、坤"用六"两条文辞。分上经、下经。上经三十卦，首乾坤而坎离；下经三十四卦，首咸恒而既济未济。历来有《周易》本经上下"二篇"之说，《易传·系辞上》云："二篇之策，万有一千五百二十。"时至汉代，有"十二篇"之称。刘向《汉书·艺文志》云：文王"重《易》六爻，作上下篇"；《易经》十二篇，施、孟、梁丘三家"。颜师古注："上下经及十翼，故十二篇。"

关于今本《周易》六十四卦卦序，为记忆方便，南宋朱熹编就了一首《上下经卦名次序歌》：

乾坤屯蒙需讼师，比小畜兮履泰否。

同人大有谦豫随，蛊临观兮噬嗑贲。

剥复无妄大畜颐，大过坎离三十备。

咸恒遁兮及大壮，晋与明夷家人睽。

蹇解损益夬姤萃，升困井革鼎震继。

艮渐归妹丰旅巽，兑涣节兮中孚至。

小过既济兼未济，是为下经三十四。

六十四卦卦序排列，遵循"二二相耦，非覆即变"（《周易正义》）原则。六十四卦卦体，从乾坤至既济未济，每一对相邻两卦，皆"二二相耦"，共三十二对。每一对卦体，或"覆"或"变"，或"覆""变"相兼。

所谓"覆"，指相邻对应的两卦，各自上下颠倒，即为对方卦体，屯☳、蒙☶两卦的关系即是如此。如此"覆"卦，凡二十八对，涉五十六卦。

所谓"变"，指相邻对应两卦，六个爻位上爻符的爻性，皆为相反，乾☰、坤☷两卦便是如此。这样的"变"卦共为四对，为乾坤☰☷、颐大过☶☱、坎离☵☲、中孚小过☴☳。

全部三十二对卦体中，泰否☷☰、随蛊☱☶、渐归妹☶☱、既济未济☵☲四对，为既"覆"又"变"关系。

古时易学又将此三十二对卦体，归类为"错综"。六个爻性皆相反的变卦，称"错"，如乾、坤二卦相错；全卦颠倒而成对方卦体的覆卦，称"综"，如屯蒙二卦相综。此即所谓"错综其义"（《周易正义》韩康伯注）。可将全部六十四卦，归为错卦、综卦与错综卦三类。正如前文所言，除错卦、综卦外，"变""覆"相兼的错综卦，只有四对。

《周易》本经的卦爻辞，大部分是筮辞，成为占筮记录的一个总汇，经历代巫史整理，大致按卦爻性质编排而成。李镜池先生说："我对于《周易》卦、爻辞的成因有这样一个推测，就是，卦、爻辞乃卜史的卜筮记录。"（《周易探源》）并将其归为六类：

其一，纯粹为吉凶与否之辞，如乾卦卦辞："元亨，利贞。"恒卦九二爻辞："悔亡。"

其二，纯粹为占事的记录而不记吉凶与否之辞，如坤卦初六爻辞："履霜，坚冰至。"坤卦上六爻辞："龙战于野，其血玄黄。"

其三，先记录占事而后记录吉凶之辞，如乾卦上九爻辞："亢龙，有悔。"坤卦六五爻辞："黄裳，元吉。"

其四，先记录吉凶之辞，后记录占事之辞，如谦卦六四爻辞："无不利。㧑谦。"颐卦卦辞："贞吉。观颐，自求口实。"

其五，重复记占事与吉凶之辞，可能是两次占筮的记录。如随卦九四爻辞："随有获，贞凶。有孚在道，以明何咎。"

其六，无规律可寻的混合之辞。如坤卦卦辞："元亨。利牝马之贞。君子有攸往，先迷后得主。利西南得朋，东北丧朋。安贞吉。"

正因卦爻符号起于筮数，用于巫筮，且卦爻辞大凡皆为占筮记录，故可就《周易》本经下一判断："原始易学是巫学。"（拙著《周易的美学智慧》）

在卦爻辞中，亦有个别辞文，并非占筮筮例记录，而与占筮相联系。如蒙卦卦辞："初筮告，再三渎，渎则不告。"指占筮者与求筮者应持的正确态度。

《易传》 又称《易大传》或"十翼"。一般而言，是为中国易学史最早成文的第一部易学通论，包括七种十篇大文，分别为《彖辞》上下、《象辞》上下、《系辞》上下、《文言》、《说卦》、《序卦》与《杂卦》。

《彖辞》上下，凡六十四条释文，逐卦解说六十四卦名与卦辞的人文意义。

《象辞》上下，即古人所言"大象""小象"。共四百五十条释文，解读卦名、卦辞凡六十四、爻辞凡三百八十四与"用九""用六"二。

《系辞》上下，共二十四章，上经十二，下经十二。较集中阐述《周易》本经的哲学、仁学与阴阳五行等文化意义，记述八卦起源与古筮法等，另有解说爻辞之义凡十九条。

《文言》，分乾、坤两部分，为乾坤二卦人文意义专论。

《说卦》前半部分，为《周易》本经的总体诠释与意义发挥；后半部分，记述八卦所象喻的事理和意义。

《序卦》，说明本经六十四卦序列的逻辑联系及其意蕴。

《杂卦》，将六十四卦每一卦的人文义蕴，以意义相反的两卦为一对，不依本经六十四卦卦序，错杂而谈，要言不烦。

《易传》作为易学史上十分重要的著作，奠定了中国易学的基石。其人文内容，主要为儒家人文之思（集中于仁学），

"一阴一阳之谓道"等文化哲学，几乎无所不在、用于解读易理的象数之学，古筮法遗存，阴阳五行之学及少量道家哲学思想。

3. 何为"三易"

中国易学史上，自古有"三易"之说，此说首先为《周礼》（学界一般以为成书于战国）一书所载录："大卜……掌三易之法：一曰《连山》，二曰《归藏》，三曰《周易》。其经卦皆八，其别皆六十有四。"

中国曾有三种筮法的易著在社会流行，皆为大卜用于占筮以预测家国天下、人事命运的吉凶休咎。大卜除掌"三易之法"外，亦"掌三兆之法：一曰玉兆，二曰瓦兆，三曰原兆"；"掌三梦之法：一曰致梦，二曰觭梦，三曰咸陟"。"（大卜）以邦事作龟之八命：一曰征，二曰象，三曰与，四曰谋，五曰果，六曰至，七曰雨，八曰瘳。以八命者赞三兆、三易、三梦之占，以观国家之吉凶，以诏救政。"（《周礼·大卜》）

近代著名藏书家傅增湘翻刻宋监本《周易正义》，其中提到"三易"之名

比较而言，"三兆"属于甲骨占卜之法，"三梦"属于杂占中的梦占之法，其智慧程度，皆不及"三易"。《周礼·大卜》虽将"三兆""三梦"与"三易"的占法并列，实际还是能够见出三者水准高下的。"龟，象也；筮，数也。物生而后有象，象而后有滋，滋而后有数。"（《左传·僖公十五年》）说的是。

就"三易"而言，既然三者"其经卦皆八，其别皆六十有四"，则可以证明，在文化智慧上，三者属于同一占筮系统与

同一人文思维方式。可以说，《周礼》所言"三易"，可能是大致同时代的易筮文化方式。

高明曾经撰文曰："今按《周礼》,《连山》《归藏》与《周易》并举，称为'三易'，且同掌于太卜之官，则周时《连山》《归藏》与《周易》并行可知。"(《连山归藏考》) 不无道理。

"三易"不同之处仅仅在于，《连山》首卦为艮，《归藏》首卦为坤，《周易》首卦为乾，三者都属于六十四卦这一体例，则是无疑的。

可是到东汉，郑玄的"夏曰'连山'，殷曰'归藏'"(《易赞》)，推之则周曰"周易"之说，使得原本属于同一时代的"易"，忽而变成夏、商、周三代依次各别的"易"。贾公彦《周礼·大卜》进而有疏云"名曰连山，似山出内气也"，此为夏易；"归藏者，万物莫不归而藏于其中"，此为殷易；推论则周代之易必为《周易》，也就顺理成章了。贾疏从郑，就此完成了将本为同时代的"三易"，改造为"三代之易"这一"神话"。

随着汉代易学经学化、经学谶纬化的思潮涌起，早在桓谭《新论》一书中，即有"《连山》八万言，《归藏》四千三百言"的说法，未知何据。桓谭又称"《连山》藏于兰台，《归藏》藏于太卜"。此说又为《北堂书钞》卷九五与《太平御览》卷一八〇等所引录。

问题是，被称为夏代之易的《连山》一书，竟有洋洋"八万言"文字篇幅，为今本《周易》本经文字的约二十倍。考古证明，最早成文的中国文字是殷代卜辞，夏代究竟有无已经成文的古文字，迄今为止没有任何考古依据。那时茹毛饮血、茅茨不翦，居然"有人"可以写出滔滔"八万言"的《连山》，殊为不可思议。

被称为"殷易"的"《归藏》四千三百言"这一说法，亦可商榷。但看殷代甲骨卜辞，皆十分简短，则《归藏》"作者"如何能够洋洋洒洒、书写如此之多？我们今天所见的《周易》本经卦爻辞，作为周代的巫性易辞，文辞都很简短。如乾卦卦爻辞，一共只有六十七个汉字。假如以此推算，则全部六十四卦卦爻辞字数，亦不及所谓"殷易"《归藏》的"四千三百言"多。

中国易学史上，桓谭《新论》作为始作俑者的浮夸之辞，曾为诸多后来者所批驳。高明曾引黄宗炎之言云："桓谭谓《连山》八万言，《归藏》四千三百言。是殷书与《周易》等，夏之文字几二十倍于文王、周公之时，岂古昔之方册乎？为此说者，亦不明古今之通义矣。"（《连山归藏考》）

作为"夏易"的《连山》、"殷易"的《归藏》，班固《汉书·艺文志》未予著录，出于不明其真伪而宁可阙之，体现了谨严而明智的史识。《汉书》不录《连山》，而后《连山》为《隋书·经籍志》《新唐书·艺文志》所载录；《汉书》不录《归藏》，而后《归藏》为《晋中经》与隋唐二志所录入，以致造成二著真伪长期莫辨及与《周易》文脉联系扑朔迷离的局面。

实际上，所谓三代之"易"的《连山》，为刘炫伪作。据《北史·刘炫传》："时牛弘奏购求天下遗逸之书，炫遂伪造书百余卷，题为'连山易''鲁史记'等，录上送官，取赏而去。后人有讼之，经赦免死，坐除名。"刘炫作伪《连山》，大约踪桓谭《新论》所谓"《连山》八万言"而起吧。皮锡瑞说："桓谭《新论》曰《连山》八万言，《归藏》四千三百言，不应夏《易》数倍于殷，疑皆出于依托。《连山》刘炫伪作，北史明言之。"（《经学通论》）

问题在于，西汉桓谭《新论》关于《连山》《归藏》固然有所夸言，但不等于说中国易学史上与《周易》大约同时出现的《连山》《归藏》，或者时代也许早于《周易》的《归藏》，皆为子虚乌有。

这里且略说《归藏》。

1993 年出土于湖北江陵荆州王家台的秦墓竹简，经专家研究，为《归藏》抄本（参见荆州地区博物馆《江陵王家台 15 号秦墓》，《文物》1995 年第 1 期）。其涉及五十四个卦符、五十三个卦名，诸多卦辞，与古书中的《归藏》相同，以为《归藏》并非"伪书"。郑玄曾云："得殷阴阳之书也，其书存者有《归藏》。"（《礼记》注）郑康成为东汉人，作为古文经学、今文经学兼治的学者，似并非无根游谈。不过郑玄所言，并非指西汉桓谭所说的作为"殷易"的《归藏》。

林忠军认为，作为"殷易"的传本《归藏》不是伪书："《归藏》是否为商易？秦简的出土，为揭开这些悬案提供了新的证据。"他说，"王家台秦简易占就是失传已久的《归藏》"，"从而反过来又推断古书引用《归藏》佚文的真实性"。（《易学

源流与现代阐释》）

　　不过我依然愿意指出，王家台秦墓竹简所能证实的，仅仅指殷代可能确有与《周易》原始（指迄今未曾发见的今本《周易》的祖本）大约同时的《归藏》存世，并非指有"四千三百言"篇幅的那一种"殷易"《归藏》。

4. 今本《周易》本经、《易传》的作者是谁

　　关于今本《周易》本经八卦筮符的始创者，《易传》云："古者包牺氏之王天下也，仰则观象于天，俯则观法于地，观鸟兽之文与地之宜，近取诸身，远取诸物，于是始作八卦，以通神明之德，以类万物之情。"

　　这一充满神性诗意的传说，为《汉书·艺文志》以及此后历代易学著述所承传与渲染。《礼纬·含文嘉》云："伏羲德合上下，天应以鸟兽文章，地应以河图洛书，伏羲则而象之，乃作八卦。"这是《易传》所言"河出图，洛出书，圣人则之"创卦说的衍生想象。诸多易学家如孔安国、马融、王肃、姚

今甘肃天水卦台山，相传伏羲于此"始作八卦"

信、陈梦雷等，都坚信"伏羲始作八卦"之说。

这一说法的可靠性，值得质疑。

据神话传说，伏羲（包牺氏）是一位最为了不起的大人物，被尊为"上上圣人"。伏羲异相，为"人首蛇身"，别号"大昊"（太昊）。《帝王世纪》有云，"太昊帝包牺氏"，"继天而生，首德于木，为百王先。帝出于震，未有所因，故位在东方，主春，象日之明，是称太昊"。所谓"继天而生"，是说开天辟地之时，华夏大地尚无人众，伏羲氏作为中华始祖，是最早诞生的"王"，"为百王先"。

大昊的昊字，从旦从大。旦，为初升的太阳；大，《说文》

说"大，象人形"。甲骨卜辞的人字，象分开双腿而正面站立的成年男性，昊指与朝阳同其伟大而辉煌的顶天立地的男性。伏羲的伏字，为溥字的同义通假。《说文》云："溥，大也。"所谓"伏羲"，实乃"大羲"之称。伏羲的羲，为曦字初文，朝晖之谓。

伏羲、大昊，皆与太阳这一伟大而辉煌的神性意象相系。旭日升起于东方，故曰"位在东方"。

"帝出于震"一句，典出《易传》，指《周易》后天（文王）八卦方位的震卦位于东方。以五方（东南西北中）、五行（金木水火土）与四季相配，则东为木为春，为震卦所在方位。不用说，《帝王世纪》陷入了一个逻辑上的矛盾：想证明伏羲为《周易》本经八卦始创者，却以《周易》的后天八卦方位说作为其立论依据。

伏羲并非实有其人，他是先民出于对《周易》无限崇拜而虚构的一个"创始者"（传说伏羲同时还创造了诸多其他中华文明），实为中华文明创始者的一个"共名"。伏羲的文化原型，是远古生活于东方的一个或多个氏族的首领，而并非实际存在过的某个或几个部族首领。

在黄帝作为"人文初祖"于汉初被塑造完成之前，伏羲在中国历史的文化地位一直较黄帝为崇高。《易传·系辞下》称伏羲"始作八卦"等，其功至伟，而黄帝仅在"伏羲氏没"与神农氏之后，才得有所创造，所谓"黄帝、尧、舜垂衣裳而天下治"，云云。黄帝一旦被塑造成功，便一举代替了伏羲的地位，汉代之后，伏羲的名望已远不及黄帝了，人们只在谈论《周易》"创卦"等话题时，才提起他"老人家"。

有一种说法，传说中的伏羲时代，在距今大约四五万年的旧石器时代。据考古学、人类学研究，中华人类的世代繁衍，曾经经历了"猿人""古人""智人"与"现代人"四个阶段。假定伏羲实有其人，那么生活于四五万年前的伏羲，应该处于从"古人"发展为"智人"的阶段，时在母系氏族（伏羲却是一位男性之王）。考古发现，广西柳江的"柳江人"、内蒙的"河套人"与四川的"资阳人"等古人类，大致属于这一文化时期。他们的智力水平究竟如何，无从考定。从比"智人"晚了许多、约一万八千年前的北京周口店"山顶洞人"遗址所出土的骨器、石器与装饰品看，其智力远不足以支撑其创作《周易》八卦的水平。

八卦的创制，必然是巫师、术士之类善于巫筮的人物，可能有善筮的氏族酋长与英雄人物等参与。《周礼·筮人》说，"筮人掌三易"之法，唯有经历长期卜筮实践且精于此道的人，才能创设八卦。

关于今本《周易》本经重卦六十四与卦爻辞的作者，《易传》谈到这一问题的有两处。其一："易之兴也，其于中古乎？作易者，其有忧患乎？"其二："易之兴也，其当殷之末世、周之盛德邪？当文王与纣之事邪？"（《易传·系辞下》）用的是疑似语气，没有断言周文王是否为其作者。

易学史上，有王弼"伏羲重卦"、郑玄"神农重卦"、孙盛"夏禹重卦"等说，有司马迁、班固、扬雄和王充的"文王重卦"说，等等。比较而言，文王重卦六十四以及为卦爻辞作者的说法，在易学界更为流行，也被诸多当代易学者所信从。

司马迁说："西伯（文王）盖即位五十年，其囚羑里，盖益易之八卦为六十四卦。"（《史记·周本纪》）班固称："至于殷周之际，纣在上位，逆天暴物，文王以诸侯顺命而行道，天人之占可得而效。于是重《易》六爻，作上下篇。"（《汉书·艺文志》）

本来是《易传》的疑似判断，到了《史记》《汉书》，变成了肯定性判断。

那么，周文王究竟是不是《周易》六十四卦及其卦爻辞的作者？

这有多种可能。

假如今本《周易》本经六十四卦卦符及卦爻辞系一人所为，则所谓"文王重卦"说缺乏必要依据。通观本经六十四卦卦符，每卦都由六个爻符所构成，由两个八卦相重而来。八卦源自"数卦"，"数卦"源自远古巫性的"数占"。据考古，"数卦"有多种，从一数符、两数符、三数符、四数符、五数符到六数符者皆有，以六数符为多见。张政烺最初解析的三十二个"数卦"，都由六数符所构成，而迄今没有任何证据，可以证明确系文王所为。

通观六十四卦卦爻辞，其中多有文王之后的史实记载。

明夷卦六五爻辞有"箕子之明夷"之记。箕子为商朝三贤之一，为商纣诸父，官拜太师，封地于箕（今山西太谷东北）。商纣暴虐，箕子多次劝谏而不听，反被囚禁，武王灭殷才获释。这里，"夷"具毁伤义。所谓明夷，指被囚禁的箕子为保全自己，佯装疯傻，自毁其明。这一史事，发生于文王被囚羑里之时。假如《周易》卦爻辞确系文王一人所为，则文王是否可能将其写入《周易》，值得怀疑。

升卦六四爻辞"王用享于岐山"，指文王回归祖地即古公亶父发祥地陕西岐山（周原）祭祖之事。然而，只有在武王克殷后，文王才被追称为"王"，商纣时但称"姬昌""西伯"，假如《周易》卦爻辞为文王所作，如何可能自称为"王"？

既济卦九五爻辞有"东邻杀牛，不如西邻之禴祭"一语，禴指周氏族的夏祭，为四时祭的一种，《诗经·小雅》："春曰祠，夏曰禴，秋曰尝，冬曰烝。"这一爻辞说，东部商氏族杀牛以祭，不如西部周氏族举行四时祭中的夏祭，语气中带有小看商朝祭祀的意思。西伯在世时，商王贵为"天子"，西伯何以能够自称与"东邻"（商）平起平坐的"西邻"，甚而看不起"西邻"？可见这一爻辞，并非出于文王之手。

那么，这三条卦爻辞会不会是后代的《周易》抄写者所窜入的？如果是，则整个六十四卦卦符与卦爻辞，仍有可能为文王所作。这种假设似难以成立。

《周易》本为巫筮之书。早在殷周之际就极重卜筮。即使后之"横扫六合""虎视何雄哉"的秦始皇，也不敢动《周易》一个指头，遂使其得逃秦火，以至于西汉初年，"天下唯有易卜，未有它书"(《汉书·刘歆传》)。这也便是为什么在西汉今古文经学的文化论争中，双方争辩的焦点，并非《周易》本子与内容的真伪，而是《周易》在五经的地位、意义与价值。中国文化史上，有伪《尚书》，未见伪《周易》。迄今所见《周易》本子的种种不一，主要因时代、地域文化与抄手水准的差异而形成，并非凭空杜撰。如果说，文化史上人们对其他经典的虔诚崇拜，始于汉武帝"罢黜百家，独尊儒术"而设五经博士制度，那么古人对于《周易》的崇拜，早在殷周之际，甚至此前即已开始。这决定了《周易》六十四卦卦爻辞，不大可能被窜改。因而所谓文王作爻辞的结论，就值得再加讨论了。

《周易》六十四卦卦辞会是文王所撰么？

出于与前文所述同样道理，我以为不大可能。试举一例。晋卦卦辞云："晋：康侯用锡马蕃庶，昼日三接。"这里，晋即卦名；康侯，武王之弟，初封于康地，称康侯、康叔；锡即赐，献之义；蕃庶，众多义之形容。这一卦辞大意为，武王之弟康侯出征告捷，俘获敌方马匹无数，武王一日之内接到多批战利品。显然，这是姬昌谥为文王之后的事，倘然文王确为六十四卦卦辞作者，何以可能将自己身后之事记载于此？

那么，《周易》六十四卦卦符是否为文王所为？

文王重卦之事。《易传·系辞下》确有疑似记述，但到底未敢断言。《史记·周本纪》称，西伯"其囚羑里，盖益易之八卦为六十四卦"，也未作肯定。今人高亨说："重卦为何人所作，先秦古书均未道及。"（《周易古经通说》）所言不免有所绝对。应当说，关于文王重卦，先秦古籍尚未明确断言系文王所为。而《史记·日者列传》或是《论衡》之类典籍，都曾作肯定性回答。问题是，此类答案的依据，皆源自前文所引《易传·系辞下》所提供的疑似表述，而且是孤证。林忠军认为，所谓"文王演易"，并非指"重卦"，重卦出现于"商周以前"。（《易学源流与现代阐释》）至于孔颖达《周易正义》卷首所谓"即伏牺已重卦矣"云云，则不值得采信。

　　然而从另一角度分析，文王重卦且系卦爻辞，又是颇有可能的。

　　中国原始巫文化尤其如《周易》如此"高智商"的巫筮，作为一门综合"学问"、一种文化集成，没有广博知识、相当高社会地位的人，断然难以胜任。创构六十四卦且善于巫筮，在上古是很高深的充满神性、灵性与巫性的一门"技艺"，只有那些在社会上很有权威的人士，才具有巫筮的"灵力"、权力和责任。金景芳先生说："巫在社会中占有特殊重要的地位。这时的巫不仅是卜的职业家，而且还担当继承、传播与促进文化的责任。其中有不少人具有极为广博的知识。自今天看来，他们都是宗教家，同时也是哲学家，又是文学艺术家、自然科学家，而且还活动于政治舞台。实际他们是拥有没有分化的全部科学知识。"（《学易四种》）

　　巫尤其大巫，那时确实是文化知识的集成者和神权、巫权政治的代表者。

　　据《国语·楚语》所载，在"巫风鬼气"极盛的楚地，以"祝""宗"为副手的大巫，集"智圣明聪"于一身。从《尚书·君奭》所言巫咸、巫贤之类人物可知，商之大巫一定是政治舞台上的"要人"。《史记·天官书》云："昔之传天数（天命之劫数）者，高辛之前重黎，于唐虞羲和，有夏昆吾，殷商巫咸，周室史佚、苌弘。"

传说大禹是一个大巫师，此据扬雄《法言·重黎》所言"巫步多禹"可知。《法言》注云："（禹）治水土，涉山川，病足，故行跛也……而俗巫多效禹步。"《博物志》卷二十五引《帝王世纪》云："世传禹病偏枯，足不相过，至今巫称禹步是也。""俗巫"为何"多效禹步"？大禹为一大巫之故。

据史载，武王之弟周公本为大巫。周公助武王灭殷，武王死而成王年幼，于是周公摄政，引起管叔、蔡叔等不满。周公便例举成汤时有伊

四十第五十二卷

此罡乃步法之祖也禹步之宗也返復步之则无施不可近世之此爲豁落斗者盖源流於此也步法不必多繁但心通九星足蹋九靈身全九焱自能通達也故今世所得之罡多訛今特簡而示不繁之妙也

拜章破罡風步虛法

禹步本病足，后世却演绎得愈发神秘魔性

尹，太戊时有伊陟，祖乙时有巫贤，武丁时有甘般，等等，称这些都是"格于上帝"的巫、祝或卜史，以为都擅巫事，皆具"异能"，才有资格在商朝为相，管理朝政，辅佐商王。自己之所以摄政为王，亦尤擅巫事之故。据《尚书》所载，武王染病，周公曾以易筮为其预测吉凶。

至于文王演易之事，从周鼎铭文看，其世家多兼巫、祝，所谓文王"遗我大宝龟，绍天明"云云，可证其被囚羑里时，因忧患于家国天下而演易六十四，或进行某些卦爻辞的搜集与编排，确是有可能的。

易之筮符的发明，始为"数卦"（数字卦），继为阴阳爻（九、六），再而八卦（单卦：乾坤震巽坎离艮兑），终而六十四卦（重卦），一个十分漫长的历史与人文实践的大"工程"，其作者，可能为不同时代、不同地域的诸多巫者。数卦，始于更为原始的数占，与历数相系，是历史的必然。殷末西伯（文王），可能有大贡献于演易六十四。

关于今本《易传》的作者，一般以为是孔子。

韦编三绝
孔子自卫反鲁终不能用
晚而喜易序彖系象说卦文
言谓易之勤莘编至于三绝
大日假我数年以学易可以无
过矣

《孔子圣迹图》之"韦编三绝"

清同治十三年孔宪兰刻本

《论语》记孔子之言云："加我数年，五十以学《易》，可以无大过矣。"《史记·孔子世家》说："孔子晚而喜《易》，序《彖》《系》《象》《说卦》《文言》。读《易》，韦编三绝。曰：'假我数年，若是，我于《易》则彬彬矣。'"

《汉书·艺文志》进而云："孔氏为之《彖》《象》《系辞》《文言》《序卦》之属十篇。"从此改变了孔子可能是《易传》部分篇什作者的身份，称其为整部《易传》十篇大文的唯一作者。

《易纬·乾凿度》也说孔子"五十究《易》，作'十翼'明也"。

从古至今，绝大多数易学家，都认为孔子是整部《易传》的撰写者。孔颖达《周易正义序》说："其《彖》《象》等'十翼'之辞，以为孔子所作，先儒更无异论。"今人金景芳说："据我看，《易传》应属于孔子，基本上是孔子作的。"（《周易讲座》）

然而，孔子自称"信而好古，述而不作"（《论语·述而》），倘《易传》十篇确为孔子所撰，则其言行似乎并不一致。

对"《易传》作者为孔子"这一点最早提出疑问的，是北宋欧阳修。欧公认为，除了《彖传》与《象传》，其余《易传》诸篇，皆非孔子所作："《系辞》非圣人之作乎？曰：何独《系辞》焉，《文言》《说卦》而下，皆非圣人之作。而众说淆乱，亦非一人之言也。昔之学《易》者，杂取《易》资其讲说，而说非一家，是以或同或异，或是或非，其择而不精，至使害经而惑世也。"欧阳修说，"孔子之文章……其言愈简，其义愈深"，但看《系辞》，重复甚多。如"乾以易知，坤以简能"义，大凡重复的有四处；"系辞焉而明吉凶"义，重复五处。

结论是：此类文本现象，"谓其说出于诸家……则不足怪也"，而"其遂以为圣人之作，则又大谬矣"。还有一个证据是，《系辞》《文言》多有"子曰"一语，"何谓'子曰'者？讲师之言也"，倘然《易传》确为孔子所撰，岂能自称"师言"？（《易童子问》卷三）这是易学史上对盲目"尊经""尊孔"传统的第一次发问，欧阳子为"疑孔"第一人。

这一质疑不无道理。

综观《易传》所言，确有不少同一问题所言不同之处。如关于八卦起源，共存四说：（一）"河出图，洛出书，圣人则之"；（二）伏羲"近取诸身，远取诸物，于是始作八卦"；（三）"观变于阴阳而立卦"；（四）"是故易有太极，是生两仪，两仪生四象，四象生八卦"。这证明《易传》并非出自一人之手，否则何以如此自相矛盾？欧阳先生据此下了一个结论："谓此三说（引者按：实为四说）出于一人乎，则殆非人情也。"

自此之后，宋人赵汝楳《周易辑闻》、元人王申子《大易辑说》、清人崔述《考信录》等，皆赞同欧阳修，称除《象辞》

《象辞》外，余非孔氏所撰。

当代学者冯友兰、高亨先生等诸多学者，都认为《易传》并非孔子之撰。高亨说："《周易大传》七种，汉人以为孔丘所作（原注：见《史记·孔子世家》《汉书·艺文志》），先秦人无此说也。《乾文言》记有'子曰'者凡六条，《系辞》记有'子曰'者凡二十三条（原注：二十四个'子曰'；引者按：经粗略统计，《易传》载孔子语录实为三十一条），皆引孔丘之言也。孔丘弟子或再传弟子等著书，引孔丘之言，始用'子曰'二字，如《文言》《系辞》为孔丘自著，则全篇皆孔丘之言，岂能复用'子曰'二字。至于《彖传》《象传》《说卦》《序卦》《杂卦》五篇，其中虽无'子曰'字样，然可以断言非孔丘所作。"（《周易大传今注·周易大传概述》）

但当今依然有学者认为，仅凭"子曰"有关语录，尚不足以推翻孔子撰《易传》这一先儒旧说。贾连翔《出土数字卦文献辑释》说："孔子作十翼称'子曰'，犹司马迁作《史记》称'太史公曰'，此古人著书通例。"且引李学勤所言"孔子不仅是《易》的读者，也是一定意义上的作者，这正是因为他作了《易传》"为佐证。

我以为，似不宜将《易传》"子曰"和《史记》"太史公曰"作简单类比。

《史记》凡一百三十卷，除《龟策列传》等为后人所增补外，一般在其卷末有"太史公曰"一段文字，用以作为说明或全卷综论，可能系司马迁撰毕全书逐卷通览时所增写，并非能作为判断《史记》诸篇真伪的证据。诚然，为后人所增补的《龟策列传》等，亦有"太史公曰"一段文字置于卷首或卷中，与司马迁亲自所撰体例不一。

《易传》三十一处"子曰"之言，显然作为先师孔子言述的引用而存在，以示其尊显与重要。这一文本现象，类于《论语》几乎通篇可见"子曰"，而《论语》非孔子所撰，而由其门生、后学所编纂。班固说：《论语》者，孔子应答弟子、时人及弟子相与言而接闻于夫子之语也"，乃"门人相与辑而论纂，故谓之'论语'。"（《汉书·艺文志》）

马王堆《帛书易传佚书》等文中，亦有诸多"子曰"，体例类于《论语》，总不至于一见"子曰"二字，就以为全篇亦孔子所撰吧。

　　《易传》七篇作者，并非孔子而是多位孔门后学，必经过诸多学人对相关资料和言辞的采集、编纂、增删、订正与润色。孔子并非《易传》撰写者，不等于说《易传》与孔子无关，夫子读《易》、擅《易》是可以肯定的。《论语·述而》云，夫子治六经，包括《易》而"读《易》，韦编三绝"。据有关文献，问《易》的孔门弟子中，有子夏、子张与子贡等。其中子夏其人，相传撰《子夏易传》（已亡佚）。《史记·仲尼弟子列传》说："孔子传《易》于瞿，瞿传楚人馯臂子弘（弓）。"《史记索隐》："应劭云：'子弓为子夏门人。'"凡此皆可证明，《易传》可能直接采录孔子言说，深受孔子影响。

5. 今本《周易》经、传分别写于何时

　　关于今本《周易》成书及其作者与年代，《汉书·艺文志》曾云："人更三圣，世历三古。"所谓"三圣"，指伏羲、文王与孔子；"三古"，指上古、中古与下古。"人更三圣"，已然证明并非如此；"世历三古"云云，也是值得稍加辨析的。

今本《周易》本经的成书，经历了一个漫长而复杂的历史过程。

本经的卦爻筮符系统，始于"数卦"这一点，已为"数卦"的考古所证明。"数卦"亦称"易数"，源于上古数占。"易数"的"数"，始终与上古原始的"象"意识、兼与命理等人文意识相混沌，并非自然科学意义的抽象数字。其起源，必在原始神话、图腾与巫术三者所构成的原始"信文化"之中。

先民对于"数"的崇拜非常古远。据考古，早在9 000—7 500年前的河南舞阳贾湖遗址的龟甲上，就刻有"八"这一神秘的"数"，可证先民对甲骨占卜巫性之"数"的文化崇拜，起码在7 500年前就已启蒙。一般而言，中华巫文化的发展，"先卜而后筮"为一总体发展态势，殷卜的繁荣确在周筮之前，而繁荣于周代的易筮的文化根因，则深植于距今起码7 500年前的文化沃土之中。

假设今本《周易》本经的重卦（每卦六爻）确系文王所为，则时在大约3 100年前的殷周之际。从先民开始崇拜神秘之"数"，到所谓文王"重卦"，经过了约4 000多年漫长历史的酝酿。

其发展阶段可能为：其一，发明用于占筮的"巫数"，即自一至八（后增添九）。其二，将这一具有九"数"参与占筮的数符系列，简化为显在的一、六两个"数"（实际自一至九皆参与了占筮过程，除一、六外，其余为次要或隐在之数），此即张政烺所说的"其中一、六最多"而成为"阴阳爻的萌芽了"。其三，"数卦"再度简化，即为湖北江陵王家台秦简《归藏》易仅以一、六两"数"作为阴阳筮符。其四，至殷代，由于殷人"数以八为纪"，那些属于殷易系统的易筮，如上博馆藏战国楚竹书《周易》与长沙马王堆帛书《周易》的筮数符号，都以一、八为筮数。其五，出于周人"数以九为纪"，便将九代替原先的一，将六取代八，成为阳爻为九、阴爻为六即今本《周易》的筮数系统，且将阳爻写成━；阴爻写成--。其六，所谓文王"重卦六十四"后，又按照"二二相耦，非覆即变"的卦序，编为今本上下经这一体例，上经始乾坤而至坎离，大凡象喻"天道"；下经从咸恒而至既济未济，大凡象喻"人事"。这样的编列，大约最后完成于战国中后期至汉初。

就本经辅文《易传》而言，假如按照有人认为的《易传》为孔子所作，而孔子生当春秋末年这一点是明确的，则

《易传》的撰写年代就没有任何探讨的必要了。实际情形当然并非如此。

《易传》的成篇时间，大致经历了从战国中后期到西汉初年这一历史过程。

高亨先生认为："《易传》七种大都作于战国时代。"（《周易大传今注》）

李镜池先生持《易传》撰作年代偏晚的见解，认为"《彖》《象》二传的著作年代，最早不出于战国末，最迟不到汉宣帝"。《系辞》《文言》成于汉司马迁之后，约在汉昭帝与汉宣帝之际，《说卦》《序卦》与《杂卦》在昭、宣之后。（《周易探源》）

郭沫若说："我相信《说卦》传以下三篇（引者按：指《说卦》《序卦》《杂卦》）应该是秦以前的作品。但是《彖》《象》《系辞》《文言》，则不能出于秦前。"理由是，后四种"传"的思想比较丰富、成熟。郭沫若推定《彖传》《系辞传》与《文言》为荀子门徒写于秦代。（《周易之制作时代》）

张岱年先生以为，《易传》写定于战国中后期，称李镜池、郭沫若失于"疑古过勇"。其《论〈易大传〉的著作年代与哲学思想》一文说，"《易大传》的年代应在老子之后、庄子之前"。先秦老子有"道""器"关系之说，《帛书老子·德篇》称"道生之，德畜之，物刑（形）之，而器成之"，所论未能简明，而《系辞》将其概括为"形而上者谓之道，形而下者谓之器"，显然这是对老子哲学思想的发挥，可证《系辞》成于老之后。《系辞》有"天尊地卑"之说，《庄子·天道》则称，"夫尊卑先后，天地之行也，故圣人取象焉"，证明庄周读过《周易》且懂"取象"之理，故《系辞》当写于庄子之前。《庄子·渔父》"同类相从，同气相应，固天之理也"的思想，明显又是《文言》"同声相应，同气相求"的阐发，可证《文言》写于庄子之前。《荀子·大略》云："《易》之咸（引者按：感字初文），见（现）夫妇。夫妇之道，不可不正也。君臣父子之本也。咸，感也。"显然，这是对《彖辞》所言"咸，感也"的诠释，证明《彖传》的写成早于《荀子》。《彖传》逐条解读六十四卦辞，《象传》继而重于解读三百八十四条爻辞与乾"用九"、坤"用六"两条文辞，确实可证《彖传》成文于前、《象传》成文于后。然而《象传》"地势坤，君子以厚德载物"一语，被《彖传》概括为"坤厚载物，德合无疆"，似乎《象传》又在前而《象传》在后。至于《说卦》解说八卦,《系辞》则为六十四卦人文思想的总体分析,可证《说卦》在前、《系辞》在后。

《易传》的撰写年代,是一个尤为烦难的问题,以上诸说,所见不一,录此谨供窥豹之一斑。

《周易》本经：符号的意味

中国文化，有一个"巫史传统"，形成于中国的"轴心时期"。今本《周易》，从本经到《易传》，是一种从"巫"文化发展到"史"文化的过程。先说本经"巫"文化。

1. 阴阳爻符解读

拙著《周易文化百问》曾说："没有哪一部中华人文经典能像《周易》这样，以它独有的卦爻符号，向人们诉说人文黎明的传奇。半是梦境，半是现实；半是糊涂，半是清醒；半是崇拜，半是审美。""阴爻阳爻，八卦，六十四卦，河图洛书以及方位、时位与太极等等，以气为文化生命，构成符号系统与生的呐喊，令人感叹唏嘘。"

　　《周易》的根本之处，在于象数，源于远古数占。其文化义理，从象数生发而来，构成象数与义理的复杂联系。殷卜以烧灼甲骨的裂纹为占；周筮以不离于象的筮数为占。表面看，似乎殷卜唯有"象"，与"数"无关，实际占卜文化中，早已有了天命、命理意义的"数"（所谓命里注定、劫数、天谴云云），而易筮，实为象、数互滋互生而不分。

　　用法国人类学家列维-布留尔的话来说，就是象与数的"神秘互渗"（《原始思维》）。我们须以如此的文化理念，来看待今本《周易》的卦爻筮符系统。

　　阴爻与阳爻，是整个《周易》象数体系的基本元素。

　　关于阴爻、阳爻，《易传》云："爻者，言乎变者也。""爻也者，效天下之动者也。"在作为阴阳爻文化原型的"数卦"被揭秘之前，中外易学界关于阴阳爻原型的解读形形色色：

　　（1）象喻天地。先民目睹天空浑然为一，苍茫无有二色，以一画表示，为阳爻 一；大地水陆二分，以两短画表示，为阴爻 --。

　　（2）象征日月。阳爻表示太阳之光；阴爻表示夜月之光。

乌恩溥《周易——古代中国的世界图示》说："原始氏族社会的人们，观察到太阳呈圆形，将其画成 ⊙ 形，这就是后来的'日'字。原始氏族社会的人们，还观察到月亮呈) 形，这就是后来演化而成的'月'字。古代的人们将 ⊙ 象的圆圈展平拉直，就构成了'—'阳爻，将) 象的两画平列连画起来，就构成了'--'阴爻。"

（3）晷景之符。晷景为上古中华初民测日影、风向的一种巫术"伪技艺"，包含着原始天文学的文化因素。上古晷景有两种方式。一是土圭测影，以泥土堆筑为土堆，此《周礼·大司徒》所谓："以土圭之法测土深，正日景（影），以求地中。日南则景短，多暑；日北则景长，多寒；日东则景夕，多风；日西则景朝，多阴。"注云："土圭所以致四时日月之景也"，"测土深，谓南北东西之深也"。二是以标杆测影、测风。标杆高于地面八尺，垂直插立于大地，此即甲骨卜辞所言"立中"，标杆者，中也。《周髀算经》云："周髀长八尺。夏至之日，晷一尺六寸。髀者，股也。正晷者，句（勾）也。"阳光所照临的标杆为"股"，阳光照射方向为"弦"，地面投下的阴影为"勾"。成语"勾魂摄魄"的初义原于此。古人迷信，以为阴影中蕴含鬼影、鬼魂。晷景测影，先是测日，后兼测月、测风，于是日象、月象演变为《周易》爻符，即阳爻、阴爻。

（4）占卜之具象征。占卜前，初民以泥土烧制同形二具，正反两面。占卜时，取两具任意同掷于地。结果必为两种可能：皆为正面或反面同时向上；甲正面向上、乙反面向上或甲反面向上、乙正面向上。以爻符表示，一为阳爻，二为阴爻。

（5）筮竹象示。筮字从竹从巫，古时占筮所用之策曾为竹，一长节之竹象阳爻，两短节之竹象阴爻。

（6）结绳记事。初民以结绳方式记事。记一大事，为一大绳节，为阳爻；记两小事，为两小结，为阴爻。古时有"八索之占"说，索者，绳之谓。有一说法称，八索后来发展为八卦，即结绳之三大节为乾，六小节为坤，两大节与两小节一共三种，即震、巽，坎、离，艮、兑。

（7）性器象征。郭沫若认为："八卦的根柢（引者按：指阴爻、阳爻），我们很鲜明地可以看出是古代生殖器崇拜的孑遗。画━以象男根，分而为--以象女阴。"（《中国古代社会研究》）孙振声说："这一阴阳的思想，当是源自男女不同的性别。"（《白话易经》）

（8）源于筮数。显然，自"数卦"说立，以上诸说的偏颇，皆已显明。

这里应当说明，所谓"数卦"这一称名，最早学界曾经称之为"数图形卦"，而后长期流行"数字卦"这一称名，目前依然通用。"数图形卦"这一名称，早已废而不用，是这一名称表述不准确的缘故。"数卦"是一种用以占筮的筮数符号，并非什么"图形"。

那么我又为何要在本书中，将用以占筮的这一卦符称为"数卦"，而不主张称其为目前所通用的"数字卦"？这是因为，"数字卦"中出现的所谓"数字"，实际是"象""数"合二而一的筮数，并非纯粹自然科学意义上那种抽象数字，它又与上古天命观和命理意识始终紧密相系在一起。

《左传·僖公十五年》有云："筮，数也。"《汉书·律历志》说："自伏羲画八卦，由数起。"这里所说的"数"，指数学之数的上古历史与人文原型，并非自然科学基础学科数学的那种绝对抽象的"数字"及其数理关系，它首先指传自上古天命、命理意识的命数、劫数。中国古代将卜筮等巫术称为"术数"或"数术",便是这一文化理念的体现。

无疑,这里将要讲述的"数卦"的"数",始终与人的命运相系,并未与原始巫性的数与象分离,它是以"混沌""互渗"的文化面目出现、使用的。正因如此,我愿意将"数字卦"改称为"数卦",唯有如此,才可能更准确地揭橥富于原始巫性的"数卦"的文化底蕴。

《周易》阴阳爻符的原型为"数卦"这一见解,应为著名学者张政烺先生首先正式提出且识读,始于其1978年首届古文字学术讨论会上的发言。

早在公元1118年(北宋重和元年),今湖北孝感曾经出土六件西周初期铜器,称为"安州六器",其中一件中鼎铭文之末,刻有两个"奇字",为𣓅𣓅。八百余年间,历代学者未能释读。1930年代,郭沫若称其为"族徽"。"1956年,李学勤先生认为这类符号似与《周易》九六之数有关。1957年,唐兰先生明确指出,卜骨上的铭文是由一、五、六、七、八(原注:'二'为误释)等数组成。"(李零《中国方术正考》)

张政烺在其《古代筮法与文王演周易》的发言中,开始揭示铜器铭文的所谓"奇字"之谜："三个数字的是单卦（原注：八卦），周原卜甲六个数字是重卦（原注：六十四卦）。"会后，张先生搜集、汇总了三十二个"数卦"，以为这些"数卦"，都以六个"数字"（筮数之符）所构成。其数字符号一、二、三、四、五、六、七、八，"数卦"符号依次写作：一 二 三 亖 Ｘ ∧ ＋ 𠆢。张政烺统计了三十二"数卦"共一百六十八个"数字"所出现的情形：

数　字	一	二	三	四	五	六	七	八
出现次数	36	0	0	0	11	64	33	24

其结论为："其中六最多，一次之，二、三、四都是零，这种现象怎么解释？我的看法是 二 三 亖 都是积画为之，写在一起不易分辨是几个字、代表哪几个数，所以不能使用，然而这三数并非不存在，而是筮者运用奇偶的观念当机立断，把二、四写为六，三写为一，所以一和六的数量就多起来了。"这证明："殷《周易》卦中一的内涵有三，六的内涵有二、四，已经带有符号的性质，表明一种抽象的概念，可以看作阴阳爻的萌芽了。"（《易辨》）

这一结论精彩而重要，揭示了从“数卦”向今本《周易》阴阳爻转变的第一步。这一“数卦”的占筮之“数”，除了一、六，实际还有五、七、八这三个显在的筮数与二、三、四这三个隐在的筮数参与。

据考古发现，1980 年陕西扶风齐家村所出土的卜骨背面上，刻有两个“数卦”，即筮数六九八一八六、九一一一六五；1987 年湖北江陵天星观一号楚墓所出土的“数卦”筮数，为一、六、七、八、九。这说明，“数卦”中参与占筮的数，除了一、二、三、四、五、六、七、八这八个数，亦有“九”，写作。

李零说，扶风齐家村出土“数卦”的“重要性是发现了九字”，江陵天星观楚墓出土“数卦”的“重要性是一、六特别多”(《张政烺论易丛稿·写在前面的话》)。作为阳爻为九的一个前期文化现象，又有一与九的同时出现，可以看作今本《周易》阳爻的筮数原型。从这一类“数卦”可知，出现次数居多的六，为今本《周易》阴爻的原型，筮数一、九，为今本《周易》阳爻称九的文化源头。

这种重一、六而且出现筮数九的现象，在《清华大学藏战国竹简（肆）》所载《筮法》卦图中亦可见出（清华简，经碳十四测定的年代，为公元前305年前后三十年）。此图，人体画像居中，四周示以八卦，为乾、坤、劳（坎）、罗（离）、震、巽、艮、兑，以筮数一、六的出现为多。《筮法》占例的"数卦"符号中，出现了九。林忠军说，"清华简保留了战国前流行的数字卦的特征"，"可以看到易卦由数字过渡到一、六，再转化为阴

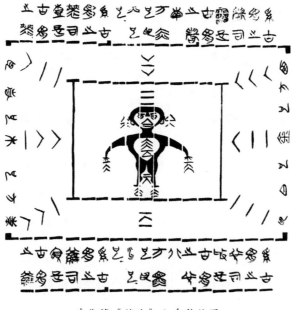

清华简《筮法》人身卦位图

阳符号，经历了一个过程"，"证明了早期数字卦三位数占的存在"，以及与《归藏》筮法的关系。（《周易象数学史》）

湖北江陵荆州王家台秦墓竹简的数符，纯以一、六为之，应为"阴阳爻萌芽"的简化。安徽阜阳楚简的"数卦"筮符，曾经被学者释读为一、六，而实际是一、八。上海博物馆藏楚竹书《周易》与湖南长沙马王堆帛书《周易》的"数卦"之符，都纯以一、八两个筮数相构。

"数卦"的文化现象说明什么？

殷周时期，华夏东部商族有"尚八"的文化理念与传统，阜阳简、上博简与马王堆简的筮数，除尚一外，皆尚八，可见属于殷易系统；殷易西传，西部周族尚九，故其筮数有九。

张政烺在《帛书〈六十四卦〉跋》中说，"古筮的考古资料，从殷墟三期（原注：约廪辛康丁时）到西周早期（原注：约穆王时止）皆数止于八，没有出现过九字。1980年春，陕西周原考古队在扶风县齐家村西周遗址采集到一片卜骨"上，"第一次出现九字"，其一版五卦三十爻的数符出现的次数如下：

数 字	一	二	三	四	五	六	七	八	九
出现次数	11	0	0	0	3	8	0	6	2

这一统计再次雄辩地证明，除了新出现九这一筮数外，依然是一、六所出现的次数最多，可证一与六为《周易》"阴阳爻的萌芽"这一结论的正确。而九这一筮数的出现，亦可证明西部氏族的文化崇尚。

《吕氏春秋·孟春纪》云，"其帝太皞"，"其数八"；《孟秋纪》云，"其帝少皞"，"其数九"。东汉高诱注分别为："太皞，伏羲氏以木德王天下之号，死祀于东方"；"少皞"，"为西方金德之帝"。张政烺进而推断，"盖古代中国东方人'数以八为纪'，而西方人'数以九为纪'，应是地方的风俗习惯如此"，"我们根据这类记载，可以说，筮法本来是东方人开创的，故筮数止于八，传到西方，周人使用了一段时期，逐渐修正，使它成为合乎西方人风俗习惯的东西，筮数中遂出现了九字"。

"数卦"的发现与研究，推翻了原先学界关于阴阳爻原型的种种说法。

中华文化中，原始巫者创设了最简单的阴爻阳爻两个符号，为的是用于占筮，不料后人将其哲学化，提升为世界一分为二、合二而一的思维方法，由此成为观悟世界与人生的一个思维窗口，符号之功莫大焉！难怪西方学者说"人是符号的动物"。阴爻与阳爻，确是《周易》八卦、六十四卦以及其余象数图式体系的"先导"。

2. 八卦筮符象喻

八卦，阴阳爻基础上所建构的一种《周易》巫筮的文化集成。

正如前述，原始"数卦"文化中，有一数、二数、三数、四数、五数与六数等数符形式。其中"三数"这一数符，即为八卦早期表述。初民智力蒙昧，比方有三只野羊，他们数不清楚，只知多得无法数清，三即是最大的数。八卦皆以三个爻符相构，表示占筮的结果，有变化无限的可能。

八卦命名与卦体符号如次：

乾 ☰　　坤 ☷

震 ☳　　巽 ☴

坎 ☵　　离 ☲

艮 ☶　　兑 ☱

为便于八种符号的记忆，朱熹《周易本义》载有一首《八卦取象歌》："乾三连，坤六断。震仰盂，艮覆碗。离中虚，坎中满。兑上缺，巽下断。"

古人认为，八卦是一个筮符整合系统，其文化象喻的意义深厚而广博，具有不同的文化层次与品格。所谓乾坤、震巽、坎离、艮兑，首先象喻世界与人生的八种基本事物及其联系。乾为天，坤为地；震为雷，巽为风；坎为水，离为火；艮为山，兑为泽。

乾，从𠦝从乙。𠦝，音 gàn，《说文》有云"日始出，光𠦝𠦝也"。乙，《说文》认为是物初出貌。朱骏声《说文通训定声》云："达于上者谓之乾。凡上达者莫若气，天为积气，故乾为天。"乾的本义，指日出霞光照临万物而阳明发达、光辉灿烂的天象。

坤，从土从申。土，指涵养万物的大地。甲骨卜辞有土字（未检索到坤字），写作 Ω 或 ⩒ 等。徐中舒主编《甲骨文字典》云，土者，"象土块在地面之形。∧为土块，一，地也。本应填实作 ▲，因契刻不便肥笔，故为匡廓作 Ω"。申，神字初文。土又是社的本字，土兼具社神、大地之神义，正与申（神）字义相合。坤，古字为 巛，实为坤卦卦符的变形。从音训看，坤为顺，具顺随之义。

震，从雨从辰，雷雨、雷震之义。尚秉和《周易尚氏学》云："震，振也，动也。"此释含"辰者，为振"义。但见震卦卦符，为"一阳伏二阴之下，阳必上升。故振动而为雷，为起"。雷震而大雨滂沱、万物震动。章太炎《八卦释名》云，"辟历（霹雳）振物者谓之震，是故震象雷"，喻时空变化剧烈。

巽，入之义，又喻风。风有吹入义。章太炎指出，巽与选（选）字"声类同"。《广雅·释诂》："選、纳、妠，入也。"《说文》："入，内也"，"内，入也"。入、内互训。章太炎云，《五帝纪》一书有"尧使舜入山林川泽"之记，《列女传》有"選于林木"之记，故"選者，入也"。《荀子·儒效》又有"選马而进"之言。"選马"即为"纵马"，兼具"放纵"义。《释名》曰："风，放也。""风牛马不相及"的"风牛马"，亦称"放牛马"。章太炎的结论为，"故選为风矣"。巽与選"声类同"，巽有"人""风"之义。

坎，陷入义。坎喻水，水性流动陷落。朱熹《周易本义》云，坎者，"险陷也，其象为水"。从卦符看，为一阳爻陷于上下两阴爻间，"外虚而中实也"。金文水字写作⺡，显然源于坎卦卦符。

离，象喻火。《易传》云，离者为"丽"。象喻火焰光明而美丽。陈梦雷说："离卦，一阴丽于上下之阳，有附丽之义。中虚有光明之义。离，丽也，明也。于象为火，体虚丽物而明者也。又为日，亦丽天而明者也。"（《周易浅述》）离卦又喻太阳，太阳为天火，高悬长空，有"丽天"的美丽意象。金文火字写作火，显然源于离卦卦符。

艮，从匕从目，金文写作𥅠，怒目相视之象。艮具山一般严峻静止之义。帛书《周易》艮卦的艮，写作"根"，艮为根的本字。根有静止不移的意义，引申为山一般岿然静峙。亦有一解为，艮，垠也，圻也，意为涯岸，故通山之义。总之，艮喻山有止义。

兑，这里读 yuè，不应读成"兑现"的"兑"。兑，悦字初文，古籍或作"说"，《论语》"学而时习之，不亦说乎"的"说"，即为悦字，《周易》写作"兑"。《周易》兑卦，喻"和兑"之义。《易传》云，"兑，说（悦）也"，即是。在文王八卦方位图中，兑卦位于西之方位，对应于秋时，古人称兑为"正秋之卦"。秋季丰熟，令人喜悦。又，兑字从仈，指山间泥泞小路，兑具泽义，兑卦兼喻泽。

要之，《易传·说卦》有云："乾，健也。坤，顺也。震，动也。巽，入也。坎，陷也。离，丽也。艮，止也。兑，说（悦）也。"是。

八卦又象喻与其本喻相契的一系列喻义。

乾为父，坤为母。震为长男，巽为长女；坎为中男，离为中女；艮为少男，兑为少女。一族血亲者，即所谓"乾坤六子"。

乾为首，坤为腹，震为足，巽为股，坎为耳，离为目，艮为手，兑为口。凡此，象喻人体四肢与主要器官。

乾为马，坤为牛，震为龙，巽为鸡，坎为豕，离为雉，艮为犬，兑为羊。

八卦亦象喻古人心目中的神秘方位，分为两套系统。其一，乾为南，坤为北；离为东，坎为西；震为东北，巽为西南；艮为西北，兑为东南，实际是一个伏羲（先天）八卦方位。其二，离为南，坎为北；震为东，兑为西；艮为东北，坤为西南；巽为东南，乾为西北，实际是一个文王（后天）八卦方位。

八卦还有些象喻，如乾象木果，震象苍莨竹，巽象木，以及乾象大赤，震象玄黄，巽象白色，等等，皆零碎而不系统，这里从略。可证八卦喻意的作者，并非一人，亦非一时写成。

3. 易卦爻位说

八卦是构成六十四卦每一卦的基础。两个八卦上下重叠，成为六十四个卦每一卦的卦符。三爻所构的八卦称为经卦，六爻卦称为别卦，源自《周礼·大卜》："其经卦皆八，其别卦皆六十有四。"

《周易》六十四卦卦符与卦爻辞之间，构成了千丝万缕的象数与义理的文脉联系。每一卦六个爻符之间，构成复繁多变的爻位即爻时关系。这一关系的实质为，以卦爻之符的空间形式，首先表示卦爻变易的时间性。无论《周易》巫筮抑或其哲学等，皆以"时"为优先。

概括而言，《周易》爻位（爻时），指爻符之性与阴阳爻位间的动态联系。这主要有三方面。

其一，六十四卦的每一卦，都由下、上两个八卦相重。下方的卦，称内卦（下卦）；上方的卦，称外卦（上卦）。每卦六爻，分阳爻、阴爻二类。阳爻称九，取生数中奇数一、三、五之和；阴爻称六，取生数二、四之和。朱熹云："其九者，生数一、三、五之积也。……其六者，生数二、四之积也。"（《易学启蒙》）关于阳爻称九阴爻称六，还有其他解读，这里从略。

阅读爻符，自下而上，依次为：初、二、三、四、五、上。表示爻符、爻气随时空而演化。《易纬·乾凿度》说，此因"易，气从下生"之故。屈万里指出，这是受了甲骨刻辞顺序通例的缘故。据考，"甲骨刻辞的顺序，最初或由上而下，或由下而上，并没有一定的通例；但愈到晚期，则由下而上的习惯愈显著；到第五期（引者按：全部甲骨卜辞分为五期），就几乎成了通例了"。这说明，《周易》爻位自下而上的读法，因袭了甲骨刻辞由下而上的"通例"。（《易卦源于龟卜考》）

具体如何读爻呢？

比方乾卦，依次读为初九、九二、九三、九四、九五、上九。坤卦，依次读为初六、六二、六三、六四、六五、上六。泰卦，读为初九、九二、九三、六四、六五、上六。未济卦，读为初六、九二、六三、九四、六五、上九。

其二，从爻位与爻性所构成的关系看，每卦六爻，以初、三、五为阳位，二、四、上为阴位。阳爻居于阳位，阴爻居于阴位，称为"得位"；阳爻居阴位或阴爻居阳位，称为"失位"（不得位）。筮遇"得位"之爻，往往为"吉"；筮遇"失位"之爻，往往为"凶"。也有例外。有时"得位"反为"凶"，"失位"反为"吉"，此因《周易》卦爻辞编纂者尚未自觉严格遵循爻位说之故。《周易》几乎处处运用爻位说解读易理，早在《子夏易传》中，就已经有爻位说的运用。

且看首卦乾。按严格爻位即爻时说，初九、九三、九五，皆"得位"之爻，理应为"吉"才是。可是一查爻辞，除乾九五爻辞"飞龙在天，利见大人"可谓大吉大利外，九三爻辞"无咎"（勉强为"吉"），初九爻辞为："潜龙，勿用。"意为筮遇初九，爻象为龙潜深渊，切勿轻举妄动。非大凶而时遇不利，妄自作为必致大错。

六十四卦倒数第二卦为既济卦䷾，该卦六个爻都为"得位"之爻，照理都应为"吉"。可是其卦辞仅称"小利贞，初吉，终乱"。可见筮遇此卦，不甚理想。除初九"无咎"、六二"七日得"与九五未有吉凶判辞外，其余九三"小人，勿用"、六四"终日戒"、上六"厉"，皆违背爻位之说。

最后一卦未济卦䷿，全为"失位"之爻，按理皆主"凶"。可是其卦爻辞，除卦辞称"无攸利"与初六为"吝"外，其余九二为"贞吉"，六三虽"征凶"却"利涉大川"，九四为"贞吉，悔亡"，六五为"贞吉，无悔"，上九为"无咎"而"失是"，都不同程度地不符爻位说。

真乃"阴阳不测之谓神"。

通篇《周易》，未必处处能以爻位之说解读，但毕竟大都可用以解说易理。

其三，古时用以解《易》的爻位说，将每一卦阴阳爻之间所构成的关系，大致概括为七类。

（1）承。阴爻居于阳爻之下，称"阴承阳"。如晋卦☷☲，初六、六二、六三承九四，六五承上九。

（2）据。阳爻居于阴爻之上，称"阳据阴"。如未济卦，九二据初六，九四据六三，上九据六五。

（3）乘。阴爻反居阳爻之上，称"阴乘阳"。如既济卦，六二乘初九，六四乘九三，上六乘九五。

（4）比。阴阳爻相邻，称"比"。有正比、反比即顺比、逆比的区别。如比卦☵☷，九五比六四，为正比；上六比九五，为反比。比卦六四爻辞云："外比之，贞吉。"比卦六四爻在外卦下方，故称"外"。"外比之"，指九五比六四。六四、九五都

"得位"，且九五"得中"，故筮遇六四，筮得的结果为"吉"。

（5）应。初与四、二与五、三与上，其爻位构成彼此和谐的阴阳关系。阳爻在上，阴爻在下，为正应即顺应；阴爻在上，阳爻在下，为反应即逆应。否卦☶，初六应九四，六二应九五，六三应上九，皆为正应（顺应）。泰卦☷，初九应六四，九二应六五，九三应上六，皆为反应（逆应）。

（6）中。六十四卦每一卦的内卦中爻与外卦中爻，无论爻性如何，都居于内外卦的中位，称"居中"。阴爻居于内卦中位、阳爻居于外卦中位，称"得中"，亦称"得正"。如否卦，六二、九五爻皆"居中"且"得中"（得正）。泰卦九二、六五都"不得中"（不得正）。有些卦符的中位之爻，"不得中"而毕竟"居中"，故筮得的结果，亦往往为"吉"。

中，亦有另一意义。六十四卦每卦六爻，以初、二爻喻地；三、四爻喻人；五、上爻喻天。每卦六爻，皆为"天—人—地"结构。这里的天、地，可概括为广义的"天"。从爻位看，每卦都象喻"天人合一"。这种"天—人—地"结构中象喻"人"的三、四爻，也称"中"。古人亦有初四喻地、二五喻人、三上喻天之说，当注意。顺便说一句，诗之七律，每首八句，一、二句为首联，居于天之位；三、四句与五、六句两两对仗，居于人之位；七、八句为尾联，居于地之位，是易理向诗之格律渗透的一个显例。

（7）互。也称"互体"。六十四卦每一卦，除内卦、外卦两个八卦外，还有二、三、四与三、四、五爻各自构成的两个互体卦。豫卦䷏六二爻辞云："介于石，不终日，贞吉。"仅从内、外卦看，豫卦坤下震上，没有石象，这一爻辞难以确解。从互体䷳之坎艮看，六二、六三、九四爻构成了艮卦，《易传》云："艮为石。"使得爻符与六二爻辞相应。按互体艮卦，六二有石象。六二本为居于内卦中位的"得中"吉爻，且六二在豫卦中无"应"无正"比"，好比界（通介）石立于"中"，故有坚定、无偏"中正"之象。介石者，中正也，令人想起中国现代某位政治人物的名与字。

七种爻位间的复杂联系，六十四卦中绝大多数卦象都是兼有的。唯有乾、坤二卦有些特别。由于都是纯阳、纯阴之卦，除了有"中"、有"互"外，无"承"、无"据"、无"乘"、无"比"、无"应"。

4. 太极图意蕴

在"图书之学"中，太极图是易图中最重要的一种图式。

以前认为宋以前所有易著都没有易图，但清华简中的人身卦位图推翻了这一说法。南宋朱熹《周易本义》有易图附于卷首，共为九图：河图、洛书、伏羲八卦次序、伏羲八卦方位、伏羲六十四卦次序、伏羲六十四卦方位、文王八卦次序、文王八卦方位与卦变图。朱熹说："易之图九。有天地自然之易，有伏羲之易，有文王周公之易，有孔子之易。自伏羲以上，皆无文字，只有图画，最宜深玩。可见作《易》，本原精微之意，文王以下，方有文字，即今之《周易》。"（《周易本义》）《周易本义》一书未载太极图，虽如此，朱熹还是开了易著附有易图的学术风气。

中国易学史上的太极图，主要有三种，即周子太极图、来氏太极图、先天太极图。

周子太极图，相传为周敦颐传自陈抟；来氏太极图，明代

先天太极图

图極太

陽　　　　陰

動　　　　靜

火　水
土
木　金

乾道成男　　坤道成女

生化物萬

周子太极图

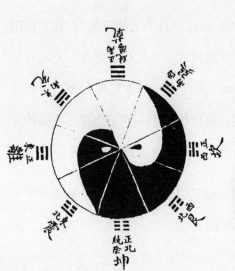

先天八卦方位配先天太极图

来氏太极图

来知德据先天太极图改造、绘制而成；先天太极图，亦称"天地自然之图"，即民间所言"阴阳鱼"，据说亦传自陈抟，流传尤为广泛、深远。（顺便说一句，韩国的国旗图案，便是采用中华先天太极图、配以先天八卦方位的四正卦而成的。）

关于先天太极图的最初传承，《宋史·朱震传》载朱震（有《汉上易传》传世）之言云，"陈抟以先天图传种放，放传穆修"，"穆修以太极图传周敦颐，敦颐传程颢程颐"。

明赵㧑谦《六书本义》称其来自"天地自然"，将太极图的诞生，上推至传说中的伏羲时代。传说伏羲之世，龙马背负太极图在荥水（在今河南省）出现，八卦方位据太极图绘制而成。又称该图传自蔡元定，蔡氏传承于一四川隐者。而陈抟又是否传自蔡元定，赵㧑谦并未说及，与朱震不一，可存疑。

如何解读先天太极图？这里引录清代胡渭的《易图明辨》，以先天八卦方位配先天太极图为言：

其环中为太极，两边白黑回互，白为阳，黑为阴。阴盛于北，而阳起薄之。……震东北，白一分，黑二分，是为一奇二偶；兑东南，白二分，黑一分，是为二奇一偶；乾正南全白，是为三奇纯阳；离正东，取西之白中黑点，为二奇含一偶，故云对过阴在中也。阳盛于南，而阴来迎之。……巽西南，黑一分，白二分，是为一偶二奇；艮西北，黑二分，白一分，是为二偶一奇；坤正北全黑，是为三偶纯阴；坎正西，取东之黑中白点，为二偶含一奇，故云对过阳在中也。

先天太极图气之阴阳运化的理念，与先天八卦方位的运化是对应的。

先天太极图是一个大圆（环），圆内绘有互逆互顺、互对互应、彼此头尾相接的黑白两条“鱼”，呈阴阳二气怀抱态势，表示阴阳二气永恒和谐的动态运化。黑表示阴气，白表示阳气。从方位审视，阴气极盛于北，阳气始而与其相接：东北方位，一分白（一阳爻在下）、二分黑（二阴爻在上），为震卦；东南方位，二分白（二阳爻在下）、一分黑（一阴爻在上），为兑卦；正南方位，三分全白（三阳爻），阳气极盛于南，而阴气始而与其相接，为乾卦；正东方位，二分白（一阳爻在下，一阳爻在上）、一分黑（一阴爻处于两阳爻之间），为离卦。此黑，指西方位"白中黑点"，即所谓白"鱼"之"目"，为离卦居中的阴爻。阳气极盛于南，阴气始而与其相接：西南方位，一分黑（一阴爻在下）、二分白（二阳爻在上），为巽卦；西北方位，二分黑（二阴爻在下）、一分白（一阳爻在上），为艮卦；正北方位，三分全黑（三阴爻），阴气极盛于北，而阳气始而与其相接，为坤卦；正西方位，二分黑（一阴爻在下，一阴爻在上）、一分白（一阳爻处于两阴爻之间），为坎卦。此白，指东方位"黑中白点"，即所谓黑"鱼"之"目"，表示坎卦居中的阳爻。

胡渭对于先天太极图的解读，包含相应的两部分。第一部分，解读太极图即"阴阳鱼"本身；第二部分，以先天八卦方位，应配先天太极图，运用了数的奇（白）、偶（黑）运化理念，指明正南正北为乾坤（天地）、正东正西为坎离（日月）的四正卦方位，以及东北、西南、东南、西北为四隅卦方位。从先天太极图看，凡此黑白、奇偶、阴阳的变易，都是从渐变到质变、大化流行而永恒的时间过程，是一个循环往复、圆满具足的大圆。

先天太极图，是中华阴阳文化及其哲学、美学等的全息简化模式。

5. 河图洛书奥秘

河图洛书，作为"天地自然之易"的重要图式，其人文"资历"，似乎比先天太极图还要古老。

从典籍记载看，春秋战国甚至更早时期，河图洛书恐已失传而仅有些文字记载。

汉魏时诸多易学家，如施孟、梁丘贺、京房、费直、马融、荀爽、虞翻、王弼、姚信等，关于《周易》曾说过千言万语，但并无一语提及河图洛书。究其原因，也许他们确实从未听说过河图洛书；或者虽曾读及、听说，而未予采信。另一批易学家与文人学士，如汉代刘歆、孔安国、扬雄、郑玄、班固等，都曾提及河图洛书。《竹书纪年》《淮南子》与《易纬》等典籍，有片段记录。大凡所依据的，便是先秦典籍中有关河图洛书的文字。

《尚书》提到河图，称"大玉、夷玉、天球、河图，在东序"（序，中国古时的一种建筑样式）。《论语》记孔圣之言，为

"凤鸟不至，河不出图"。凤鸟即凤凰，吉祥之飞禽，因其没有飞来，故黄河不显现河图。

魏晋时期，有人伪托孔氏后人孔安国为《尚书》作传，称河图显现，早在伏羲氏"王天下"之时。那时，黄河龙马背驮一种神性图式，腾跃于波涛汹涌的黄水之中，故称河图。洛书的诞生，亦是一种神迹。相传大禹治水，有神龟背负图样，浮现于洛水之中。伏羲由此创造了八卦，大禹深受启迪而推演洪范九畴。

朱熹等据此传说，称河图、洛书为"天地自然之易"。

古贤将河图、洛书看作是《周易》八卦文化的原型，《易传》有云："河出图，洛出书，圣人则之。"

自"数卦"问世，《周易》八卦的原型，已为"数卦"考古一再证明，河图、洛书并非八卦原型，宜将其看作神话传说。河洛图式的创制时间，可能不会早于太极图或先天、后天八卦方位图等的创构。

虽如此，依然有充分理由重视河图洛书的文化意义。

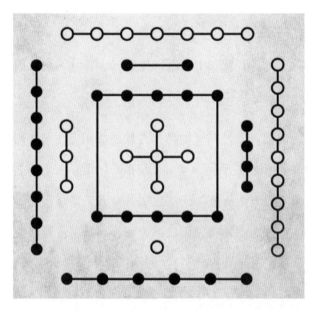

河图

这里先说河图。

河图，一个平面为方形的数序组合，包含一至十这十个数。一、三、五、七、九为奇数，以白圆圈表示，象喻天、阳性，称为天数；二、四、六、八、十为偶数，用黑圆点表示，象喻地、阴性，称为地数。

河图五奇数之和，为二十五；五偶数之和，为三十；奇偶数之和，为五十五。《易传·系辞上》云："天一地二、天三地四、天五地六、天七地八、天九地十，天数五，地数五，五位相得而各有合。天数二十有五，地数三十，凡天地之数五十有五，此所以成变化而行鬼神也。"

河图之数，显然与《周易》占筮之数相应，与《周易》古筮法的"大衍之数五十"（后详）相系。所谓"五十"之数，实由"大衍之数五十有五"而"脱去'有五'二字"（金景芳《学易四种》）而来。不妨将河图之数，与《周易》古筮法关于数的理念，联系在一起看待。

河图之数的有序构成：北：天数一配地数六；南：天数七配地数二；东：天数三配地数八；西：天数九配地数四；中：天数五配地数十。此之谓：一、六；二、七；三、八；四、九；五、十。

朱熹说："河图之位，一与六共宗而居乎北；二与七为朋而居乎南；三与八同道而居乎东；四与九为友而居乎西；五与十相守而居乎中。盖其所以为数者，不过一阴一阳，以两其五行而已。"（《易学启蒙》）河图之数，与阴阳、五方、五行的文化理念结合在一起。阴阳五行之说，成于善"谈天衍"的战国阴阳家邹衍。而河图的出现，不大可能早于春秋。

古人以为，一至十的数，一、二、三、四、五为生数，六、七、八、九、十为成数。生、成之数，构成了相生相成的时空关系。

河图奇一配偶六，阳气始生于北，极盛的阴气与之相成，即"天以一生水，而地以六成之"（《易学启蒙》，下同），北喻水。偶二配奇七，阴气始生于南，极盛的阳气与之相和，即"地以二生火，而天以七成之"，南喻火。奇三配偶八，阳气渐长于东，而阴气与之相成，即"天以三生木，而地以八成之"，东喻木。偶四配奇九，阴气渐长于西，而阳气与之相和，即"地以四生金，而天以九成之"，西喻金。奇五配偶十，阳五、阴十之气相守而致中和，此即"天以五生土，而地以十成之"，中喻土。

值得注意的是，河图之数，始终与其相应的象因素相混沌，并非自然科学意义的抽象之数。然而其数（象），已然开始从巫筮文化，走向以时空为主题的哲学之境。

顺便提一下，关于河图的北方位，古人称其"天以一生水，而地以六成之"，具有风水学的意义（其余方位皆如此）。宁波范钦私家藏书楼命名为"天一阁"，其中"天一"二字，即

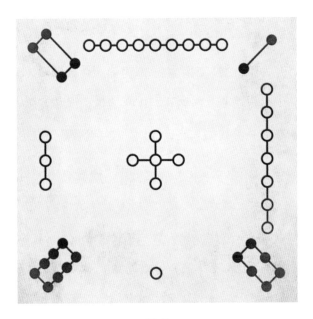

洛书

取之于此。"天以一生水"，在风水理念上有消弭土木结构藏书楼易遭火灾之厄的神秘意义。

再说洛书。

洛书与河图并称，其人文品格与河图同列，而其图式的"数结构"不同于河图。

朱熹说："洛书以五奇数统四偶数，而各居其所，盖主于阳以统阴。"(《易学启蒙》)洛书，一至九的九个数，以一、三、

五、七、九为主，二、四、六、八为辅。奇数者阳，依次位于北、东、中、南、西，居四正与中宫之位；偶数者阴，依次位于西南、东南、西北、东北，居四隅（亦称四维）方位。

从四正与中宫看，北，阴气极盛，阳气始生（潜藏状态），象喻冬，以奇数一表示；东，阴气渐衰，阳气渐长，象喻春，以奇数三表示；南，阳气极盛，阴气始生（潜藏状态），象喻夏，以奇数九表示；西，阳气渐衰，阴气渐长，象喻秋，以奇数七表示；中，阴阳之气正在中和状态，以奇数五表示。洛书中位，奇数五即生数五，为生数的终极性圆满，表示中和、崇高与完美之境。

洛书四隅为：西南，偶数二；东南，偶数四；西北，偶数六；东北，偶数八。古人崇拜神秘之数，尤为崇拜奇数。奇阳、偶阴，故将偶数安排于四隅"偏"位，体现了古时中华文化崇阳抑阴的人文伦理观念。

朱熹说："洛书之一、三、七、九，亦各居其五象本方之外，而二、四、六、八者，又各因其类，以附于奇数之侧。盖中者为主，而外者为客。正者为君，而侧者为臣，亦各有条

太乙九宫占盘复原　　　　　　　　太乙九宫占盘绘图

而不紊也。"(《易学启蒙》)朱熹以伦理解读洛书的数序、数位，并不令人意外。洛书的数的秩序，为现实社会的伦理提供了易理依据。

洛书这一数的人文模式，在出土于1977年的安徽阜阳双古堆西汉墓葬"太乙九宫占盘"上，得到了印证。这一占盘，模拟八卦方位，其文化原型，源于洛书。据《阜阳双古堆西汉汝阴侯墓发掘简报》(《文物》1978年第8期)，占盘正面，排列着八卦、五行，圆盘所刻图式与洛书一致。占盘中央有一个点，居洛书奇数五的居中之位。围绕此"中"，分别刻有"吏""招""摇""也"四字，依次分别居于四隅即四维方位。

于四正之位，为"一君"对"九百姓"，此即洛书北奇数一，对应于南奇数九；"三相"对"七将"，此即洛书东奇数三，对应于西奇数七。整个占盘九个方位，以"中"为灵魂与主宰，为八卦九宫之说的实际运用。

朱熹又说："洛书盖取龟象。故其数，戴九履一，左三右七。二四为肩，六八为足。"（《周易本义·图目》）说洛书原型为"龟象"，与传说中大禹治水"神龟"现于洛水相印证。

居中数五，即前述"数卦"之五（X）的别一表述。方以智《周易时论》云："古五作，四交藏旋之象。"此是。

从洛书数一至数九的结构关系看，实际是一个"魔方"（magic square）的九数集群：

4	9	2
3	5	7
8	1	6

洛书的数与数之间，无论横向、竖向还是斜向的三数相加，其和皆为十五。

横向：4+9+2=3+5+7=8+1+6=15

竖向：4+3+8=9+5+1=2+7+6=15

斜向：4+5+6=2+5+8=15

洛书"神数"的所谓魔方，被古人称为"奇迹"。

三国时，传说"鞠躬尽瘁，死而后已"的蜀相诸葛孔明，善用八卦阵克敌制胜。八卦阵果然这般神奇么？这是因为，无论敌军从八卦阵八个方位的哪一方位进攻，都会遭遇同等军力（皆为十五）的抵抗，八卦阵似乎"固若金汤"了。

在美学上，魔方三数之和皆为十五，构成非对称性的均衡之美。

6. 先天后天八卦方位图

易学史上，先天八卦与后天八卦方位图，与河图、洛书等一起，是首先由南宋朱熹载于《周易本义》卷首九图中的重要二图。

先天八卦方位图，简称"先天"。之所以称为"先天"，意在极度宣染此图为"神"所造而断非人力所为，亦称伏羲八卦方位图，相传为伏羲氏所创制。

先秦时期，伏羲在中华人文初祖谱系中的名头，要远大于轩辕黄帝，《帝王世纪》称其"继天而王，首德于木，为百王先"，可谓德配天地，其功至伟。相传伏羲为"三皇"之一，称太昊，风姓，黄熊氏，又名伏戏、宓羲、包牺、庖牺、牺皇、皇羲等，伏羲创八卦，造书契，筑庐舍，肇农猎，制器作乐，等等，地位尤为崇高。

在今本《周易》一书中，伏羲被推为"天地自然之易"即"先天易"的创始者。作为神话传说中一位"始祖大神"，一个集史前原始部落酋长、英雄、大巫于一身的人文"共名"，伏羲的所作所为，其实不必也无从加以稽考。实际上，先天八卦方位图的创造，必然由易学史上熟谙图书、易理者所为，只是今人不知其生于何时、姓甚名谁罢了。

先天八卦方位图的文字构想，首见于《易传·说卦》："天地定位，山泽通气，雷风相薄，水火不相射（音yì，厌之意），

《周易本义》所载先天八卦方位图

八卦相错，数往者顺，知来者逆，是故《易》，逆数也。"意思是说，伏羲八卦方位，是乾南、坤北设定了卦位；艮西北、兑东南互通气息；震东北、巽西南相应亲近；坎西、离东不相厌离。这便是伏羲八卦方位图八个卦符错综的方位。顺着推算，可以知道往昔的命运；逆着推算，可以知道未来的前程。但是《周易》算卦重点是预测未来，所以，《周易》的数算是逆推。先天图，便是根据这一文字记载而画出的，也可能先秦原本有图却早已失传了，倒是有关这一图式构想的文字，有幸留存于

《易传·说卦》之中。

朱熹《周易本义》卷首载录了这一先天图，并引述北宋邵雍之言："邵子曰：'乾南坤北，离东坎西，震东北兑东南，巽西南艮西北，自震至乾为顺，自巽至坤为逆。'"

伏羲八卦方位图，由四正、四隅组成。四正卦，为乾南坤北，离东坎西，便是《说卦传》所说的"天地定位""水火不相射"，即乾（南）为天、坤（北）为地，离（东）为火、坎（西）为水之谓；四隅卦，即震东北兑东南，巽西南艮西北，便是《说卦传》所说的"山（艮，西北）泽（兑，东南）通气，雷（震，东北）风（巽，西南）相薄"，艮为山而兑为泽，雷为震而巽为风之谓也。

关于四隅卦，《说卦传》说的是，居于西北方位的艮卦（山），对应于东南方位的兑卦（泽）；居于东北方位的震卦（雷），对应于西南方位的巽卦（风）。只不过邵雍是按顺时针方向说的，依次为东北震卦、东南兑卦、西南巽卦、西北艮卦而已。

显然，《说卦传》所说先天八卦方位图结构特征的四正为：

南对北即乾对坤、天对地，东对西即离对坎、火对水；四隅
为：西北对东南即艮对兑、山对泽，东北对西南即震对巽、雷
对风。对应的二卦，都是错卦关系，即每一对相应八卦的爻
性，都是阳对阴、阴对阳的。可与先天太极图相对照。

这便造成了伏羲八卦方位在空间上的大势对称、稳定、均
衡与大正的特点。尚秉和先生说："先天方位，乾南坤北，离
东坎西，一阴一阳，相偶相对，乃天地自然之法象。"（《周易尚
氏学》）此之谓。

我们看伏羲八卦方位图每个卦的初爻（即图式内侧之爻），
如果以乾卦为起始，那么，它的逆时针的运行态势是阳、阳、
阳、阳，阴、阴、阴、阴。每卦第二爻，如果以离卦为起始，
那么，它的逆时针的运行态势是阴、阴、阴、阴，阳、阳、
阳、阳。请注意每卦的第三爻（即图式外侧之爻），如果以乾卦
为起始，它的逆时针的运行态势是阳、阴、阳、阴，阴、阳、
阴、阳；如果以兑卦为起始，则是阴、阳、阴、阳，阳、阴、
阳、阳；如果以离卦为起始，是阳、阴、阴、阳，阴、阳、
阳、阴。反正不管以这八个卦的哪一个卦为起始，不管是逆时
针还是顺时针，每八个爻为一个序列，一共三个序列，它们各

自的运行态势总是有规律、有节奏的。它们的确体现了天地自然、人类生命及社会人生的有序性、均衡性与节奏美。

在传统建筑风水文化中，先天八卦方位图的理念与信仰有着广泛的运用。这里仅举一例。明清北京有"四坛"之制，即南天坛，北地坛，东日坛，西月坛（先天八卦方位图以乾卦居南，《易传》云"乾为天"，故建天坛；坤卦居北，《易传》云"坤为地"，故建地坛；离卦居东，《易传》云"离为日"，故建日坛；坎卦居西，《易传》云"坎为水""为月"，中国古代有"水月"之词，故建月坛）。其象喻的人文意蕴，肇自先天图。

后天八卦方位图，简称"后天"，又称文王八卦方位图。之所以如此称谓，是因为据说此图为周文王所画。朱熹《周易本义》卷首有云："邵子曰：'此文王八卦，乃入用之位，后天之学也。'"

文王姬昌，武王姬发之父，在世时但称西伯，武王灭殷而谥其为"文王"。《史记·周本纪》说，殷末商纣"囚西伯于羑里"，在困顿忧患中，文王"益《易》之八卦为六十四卦"。这里并未说后天八卦方位图乃文王所为，所谓文王创设"后天"

《周易本义》所载后天八卦方位图

仅是传说，缺乏确实的文献依据。

与"先天"一样，有关后天八卦方位图的文字记载，也刊录在《易传·说卦》之中："帝出乎震（东），齐乎巽（东南），相见乎离（南），致役乎坤（西南），说（悦）言乎兑（西），战乎乾（西北），劳乎坎（北），成言乎艮（东北）。"根据这一叙述，即可画出后天八卦方位图。跟"先天"一样，文王八卦方位图也是由熟谙易图、易理者据《说卦》这一记载所画，或先有图而记载于《说卦》中，作者并非文王。或许上古曾有"后天"，早已湮没无闻，宋代图书学兴起，可能为宋人按《说卦》所言绘制。

后天八卦方位图在中国古代风水地理、建筑园林形制上的运用，几乎到处可见。

明清北京典型的四合院平面布置及其生活制度，便是如此。四合院的整个平面，一般呈纵向长方形，整座四合院为外墙所围合，仅在东南辟一院门以供出入。其八大方位的分布为：南离、北坎；东震、西兑；东南巽、西北乾；西南坤、东北艮。

就其四正方位而言，在南部离卦方位，建造一排东西向而颇为低矮的长屋，每一房间坐南朝北，北向开门，故称"倒座"，一般为这一家族的男佣

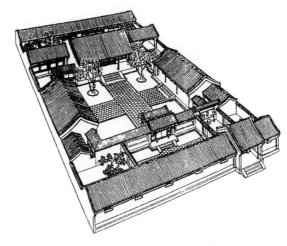

典型的北京四合院平面布局，暗合后天八卦方位

所居之所，兼为储物之用；在北部坎卦方位，建造一排东西向而颇为低矮的长屋，称为"后房"，坐北朝南，为女佣所居之所。作为四合院的辅助用房，"倒座""后房"的体量、开间，都不甚大。

比较大气的是四合院的东西厢房，二者相向而建，都面对着中庭。东厢风水，应在八卦方位的震位上，《易传》说"震为长男"，故此处为家族男性儿辈所居；西厢风水，应在八卦方位的兑位上，《易传》说"兑为少女"，故这里是家族女性儿辈所居之处。

四合院体量最大、造型最显、形象最为轩昂的，是坐落于整座四合院中心偏北位置的主房，这里一般以厅堂居中、两侧主卧相配，为家族长者所居，兼为接待宾客之所。主房坐北朝南，面向庭院。庭院即中庭，是四合院的聚气之地，应在八卦九宫的中宫位上。整座四合院的院门所以建造于东南隅，是因为东南为巽卦之位，《易传》说"巽为入""巽为风"。

将先天、后天二图稍加比较可以发现，同样是乾坤、震巽、坎离、艮兑凡四对八个卦符，其各自所居方位，全然不一。先天八卦方位以乾—坤、坎—离为四正，震—巽、艮—兑为四隅，造成了一种大气而对称均衡的时空态势。后天八卦方位以离—坎、震—兑为四正，乾—巽、艮—坤为四隅，八个卦符集群的排列，似乎给人以无序的感觉。其实并非如此。

"后天"的集群结构，与前文所说的洛书九数集群相对应，实际也是一个"戴九履一，左三右七，二四为肩，六八为足"的所谓"龟象"结构，具体而言便是：南离为九，北坎为一；东震为三，西兑为七；西南坤为二，东南巽为四；西北乾为六，东北艮为八——构成了无论横向、竖向、斜向三数之和皆为十五的时空态势，一种动态的非对称性均衡的美蕴含其间。

邵雍《观物外篇》说，"乾坤纵而六子横，易之本也"，这是指先天八卦方位；"震兑横而六卦纵，易之用也"，这是指后天八卦方位。先天、后天二图为体用关系，前者为本，后者为用。尚秉和《周易尚氏学》认为，先天、后天互为根因，又是动静关系，"盖易之道一动一静，互为其根"，"静而无为，惟阴阳相对必相交"，这是指"先天"；"坤南交乾，则南方成离；乾北交坤，则北方成坎：先天方位，遂变为后天，由静而动矣"，这是说"后天实由先天禅代而来"。

7. 古筮法演示

古筮法，亦称"大衍筮法"。《易传·系辞上》云："大衍之数五十，其用四十有九。分而为二以象两。挂一以象三。揲之以四，以象四时。归奇于扐，以象闰。五岁再闰。故再扐而后挂。……乾之策，二百一十有六；坤之策，百四十有四。凡三百有六十，当期之日。二篇之策，万有一千五百二十，当万物之数也。"古筮法，作为文化遗存，实际属于《周易》巫文化的范畴。

《易传》的这段话，说的是《周易》整个占筮过程，称"十八变"，相当烦琐，亦颇为有趣，可以由此了解所谓易筮是怎么一回事。

占筮之前，若按朱熹《周易本义·筮仪》所言，应先"择地洁处为蓍室，南户，置床于室中央"，"蓍五十茎，韬以纁帛"，须"炷香致敬。将筮，则洒扫拂拭"，"筮者齐洁衣冠"，才得进行。

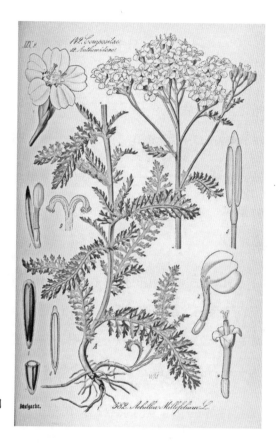

蓍草，干制后即可用
于占筮

　　占筮开始，虔诚地取筮策五十，握在手中。随意取出一策
而不用（"其用四十有九"），象喻太极。其余四十九策，随意分
为两份（"分而为二"）。左手一份象喻天道，右手一份象喻地道
（"以象两"）。比如将四十九策分为左手 25 与右手 24 两份，即
为：50－1＝49，1（太极）；49＝25＋24。

　　从右手所持筮策中随意取出一策，夹在左手的小指与无名指之间，象喻人道（"挂一以象三"），此即：50－1＝49，1（太极）。49：25（左，天）；24（右，地）－1＝23；1（人），1（太极）。

以四策为一组（"揲之以四"），先用右手一组一组分左手所持筮策，再以左手分右手所持筮策，这个四，象喻四时（"以象四时"）。

此时手中筮策必有余数，一共四种情况：或余一，或余二，或余三，或余四。此为：25（左，天）＝4×6＋1；24（右，地）－1＝23＝4×5＋3。这说明，左手筮策被分了六次，余数为一；右手筮策被分了五次，余数为三。

再将左手筮策的余数，夹在左手中指与无名指间（"归奇于扐""故再扐而后挂"），该余数象喻农历闰月（"以象闰"），农历五年内必有两次闰月（"五岁再闰"）。

至此，演卦还远未结束。

从筮策的演算程序可见，筮策余数此时必成对应态势：左手余策为一，右手必余三；左手余策为二，右手必余二；左手余策为三，右手必余一；左手余策为四，右手必余四。我们举例的占筮操作，属于第一种情况，即左余一，右余三。对应余数的和，只有两种可能：四或八。

再分别加上原先夹在小指与无名指间象喻"人"的那一策之和，不是五策，便是九策。再从演卦总筮策中减去五策或九策，为四十九减去五或九，便为四十四策或四十策。

至此，完成了演卦的第一步，称为"一变"。

第二步，即"二变"，所剩筮策总数为四十四或四十，拿出一策象喻"人"，随意分为两份，以象天、地，再一次进行演算。结果：左余一，右必余二；左余二，右必余一；左余三，右必余四；左余四，右必余三。加上象喻"人"的那一策，不是四策，便是八策。

以"一变"后所剩筮策总数四十四或四十，分别减去四或八，则为四十、三十六、三十二这三种结果。

这是"二变"，它的操作过程与"一变"基本相同，区别仅仅是从"二变"开始直到"三变"，不必从所剩筮策总数中拿出一策象喻太极，这是因为操作"一变"时已经拿出象喻太极的那一策了。

《周易》通识

　　"三变"的操作，同于"二变"。

　　经过"三变"必得出四种结果，所剩筮策总数为：三十六、三十二、二十八、二十四。将四种结果，分别用四去除，可以决定一个卦的初爻及其属性。

　　36除以4等于9，称为老阳之数，以阳爻━表示；

　　32除以4等于8，称为少阴之数，以阴爻--表示；

　　28除以4等于7，称为少阳之数，以阳爻━表示；

　　24除以4等于6，称为老阴之数，以阴爻--表示。

　　一卦六爻，每一爻须"三变"，整个占筮过程，须经"十八变"，才能定出用以占筮的一卦，这便是《易传》所说的"十有八变而成卦"。

　　从以上所说"十八变"的演卦过程可知，经过"三变"，老阳之数为九，乾卦六爻构成纯阳之卦，以36×6=216，此即《易传》所言"乾之策，二百一十有六"；老阴之数为六，坤卦六爻构成纯阴之卦，以24×6＝144，此即"坤之策，百四十有四"。以216＋144＝360，此即《易传》所谓"凡三百有六十，当期之日"。

《周易》六十四卦共为三百八十四爻，老阳、少阳、老阴、少阴各为九十六：$36 \times 96 = 3\,456$，$28 \times 96 = 2\,688$，$24 \times 96 = 2\,304$，$32 \times 96 = 3\,072$；$3\,456 + 2\,688 + 2\,304 + 3\,072 = 11\,520$。《周易》分上经三十、下经三十四，称上、下"二篇"。故《易传》有云："二篇之策，万有一千五百二十，当万物之数也。"

至此，占筮的结果还并未呈现。这里有三个问题：其一，所谓"三变"定一爻，如何定？其二，所占一卦的每一爻，都有阴爻、阳爻两种可能。阴爻有老阴、少阴两种可能；阳爻有老阳、少阳两种可能。占筮吉凶，唯有确定变爻，以变爻为占（或有六爻皆不变的可能），才见分晓。如果不能确定何为变爻（一个或多个），则占筮结果不会呈现。其三，又如何知道所占孰吉孰凶？

为此，须将占筮余数与象喻"人"的那一策之和，即"一变"的九与五、"二变"的八与四、"三变"的八与四，加以排列组合。设定九、八为"大数"，五、四为"小数"，可以得出如下四组数群：

A. 9、8、4；9、4、8；4、9、8；

　5、8、9；8、5、9；9、5、8；

　8、8、5；8、5、8；5、8、8 等。

其特点是"二大一小"，称"少阳"，以 — 表示。

B. 5、4、8；4、5、8；8、5、4；

　9、4、5；4、5、9；9、5、4；

　9、4、4；4、4、9；4、9、4 等。

其特点是"二小一大"，称少阴，以"--"表示。

C. 5、4、4；4、5、4；4、4、5。

其特点是"三小"，称老阳，为变爻，以"囗"表示。

D. 9、8、8；8、9、8；8、8、9。

其特点是"三大"，称老阴，为变爻，以"×"表示。

少阳、少阴为"不变爻"，老阳、老阴为"变爻"。今本《周易》老阳为九，老阴为六，少阳为七，少阴为八，此即古人所言"六九变，七八不变"。

现在，假定经过"十八变"的巫筮操作，已经定出一卦六爻，每一爻的余数与象喻"人"的那一策之和所构成的数群，依次为：

9、8、4（二大一小，少阳，初九）

5、8、8（二大一小，少阳，九二）

9、4、8（二大一小，少阳，九三）

9、4、4（二小一大，少阴，六四）

9、8、8（三大，老阴，六五，变爻）

5、8、4（二小一大，少阴，上六）

可将六个数群译成一卦，以筮符表示，为䷊。此卦符下卦三爻皆为少阳，为不变爻，构成一个乾卦；上卦三爻为少阴、老阴、少阴，为坤卦，与下卦乾一起，构成泰卦。

泰卦的上卦中爻为老阴即变爻，因而，泰卦六五爻变而成需卦䷄，称"泰之需"（之，至、到之意，指从什么变为什么）。

泰卦为"本卦"，需卦为"之卦"。《左传》《国语》载有筮例二十二，往往看到"×之×"这一占筮术语。

那么，占筮的所谓吉凶又该如何判定？就这一占例而言，泰卦六五爻变而为需卦，查对《周易》本经泰卦六五爻辞即可。只见泰卦六五爻辞写着"帝乙归妹以祉，元吉"一语，这显然是一个"吉爻"。假如占问婚姻大事，占筮者便告曰"大吉大利"。假如并非求问婚配前途，而是经商或考大学什么的吉凶如何，那也没关系，占筮者可根据这一占筮，自圆其说，说得令人信服满意。

8. 灵验还是不灵验

《周易》古筮法的整个操作过程，十分烦琐，仪式感很强。试问何以如此？这是因为，对于信筮者而言，愈是烦难，山重水复而扑朔迷离，便愈显得权威神圣，愈有可能捕获信筮者的心，祈敬所谓神灵指点迷津。由此见出古人对于巫筮，抱着何等诚惶诚恐、绝不轻忽而严肃、虔诚的态度。

那么《周易》巫筮，究竟灵验还是不灵验？

"太史公曰：'自古圣王将建国受命，兴动事业，何尝不宝卜筮以助善。'""王者决定诸疑，参以卜筮，断以蓍龟，不易之道也。"（《史记·龟策列传》）"蓍龟者，圣人之所用也。《书》曰：'女（汝）则有大疑，谋及卜筮。'《易》（引者按：这里指《易传》）曰：'定天下之吉凶，成天下之亹亹者，莫善于蓍龟。'"（《汉书·艺文志》）在古时候，无论朝野，一般都笃信卜筮等占术的所谓灵验，辨然否，释疑问，定吉凶，靠的便是这一套。《左传》与《国语》，载有所谓灵验卦例凡二十二。李镜池说："从《左传》《国语》所载的来看，所筮之事，实在灵验极了。占婚嫁，占战争，占目前之行事，占将来之命运，吉吉凶凶，无占不灵。"（《周易探源》）

据《左传》，春秋时鲁庄公二十二年（前672年），陈厉公得子名敬仲。敬仲年幼，厉公请筮者以《周易》算了一卦，筮遇"观之否"（观卦六四爻变而为否卦。观，本卦；否，之卦）。查观卦六四爻辞，为"观国之光，利用宾于王"。占筮者据此解说：陈国未来国运，先衰而后复起，并非敬仲自己，而是其子孙称王于异国（宾于王）。

《左传》就此发挥道："不在此，其在异国。非此其身，在其子孙，光远而自他有耀者也。坤，土也。巽，风也。乾，天也。风为天于土上，山也。"观卦卦象▤，坤下巽上。坤为地，巽为风；否卦卦象▤，坤下乾上。"观之否"，为风行大地、浩荡于天之象。否卦六二、六三、九四，互体为艮，艮为山，而否卦上卦本喻乾天，象喻国运如山岳般岿然不动、恢弘灿烂如同天光（"国之光"）。又据《易传》，艮象山、象门庭，乾象天、象金玉，坤象地、象布帛。于是占筮者说，筮遇"观之否"，是将来各路诸侯向王进献金玉、布帛的好兆头。而这里所说的异国，指齐国。何以见得？既然否卦互体为艮，艮为山，岂非据有泰岳属地之齐国？互体为艮为山，泰岳高入云天，恰好否之上卦本喻乾天。二者相构，造成对峙态势，此所以"山岳配天"而"不能两大"。既然如此，便预示陈国先亡而后由敬仲后裔在异国称王。据说这一占筮的预言，果然应验了。

鲁昭公八年（前 534 年），陈国为楚国所灭。而后，敬仲的五世孙"陈桓子始大于齐"，在齐国光大祖业。哀公十七年（前 478 年），陈敬仲八代孙陈成子，果然夺齐国王位而代之。

关于这一著名筮例的所谓灵验，如何看待呢？

　　南宋朱熹、蔡元定《易学启蒙》一书，曾将易筮的所有爻变归类为七，预设了判断、解读占筮吉凶休咎的所谓七大"原则"：（1）"凡卦六爻皆不变，则占本卦象辞"；（2）"一爻变，则以本卦变爻辞占"；（3）"二爻变，则以本卦二变爻辞占，仍以上爻为主"；（4）"三爻变，则占本卦及之卦之象辞，而以本卦为贞，之卦为悔"；（5）"四爻变，则以之卦二不变爻占，仍以下爻为主"；（6）"五爻变，则以之卦不变爻占"；（7）"六爻变，则乾、坤占二'用'（引者按：用九、用六），余卦占之卦象辞"。

　　此处所言陈厉公请筮"观之否"，属于"一爻变"，以本卦爻辞为占，故有尔后"应验"的一个个"神话"发生。而假如以之卦即否卦的爻辞为占（并非不可），那就一定无法"应验"了。否卦九四爻辞为："有命，无咎。畴离祉。"畴，借为寿；离，借为丽，附丽义。大意为，筮遇九四，天命注定，服从天命便无咎害，有福祉附丽其上。这一占筮结果，便与所谓"宾于王"等等，没有任何关系了。

　　相传明代有两位读书人同游金陵，来至神乐观参访。此时观内，莫名其妙丢失了一只金杯。百寻不见，于是观中人疑神疑鬼，怀疑这怀疑那，鸡犬不宁，人人自危。两位读书人遂以《周易》算了一卦，筮遇剥卦☷☶，初六爻变而为颐卦☶☷（剥之颐）。于是推断，金杯并未被窃，而是有人恶作剧，埋匿于神乐观院西南隅地下五寸深土中。一经查探，果然找到了。

这是什么情况？

原来，剥卦内卦为坤，外卦为艮，坤为地。艮卦，据朱熹《八卦取象歌》，"艮覆碗"。金杯作为杯具，与碗同类，故这里的艮卦亦喻杯象。《易传》又称"艮为止"。剥卦坤下艮上之象，预示"金杯埋于地下"。又因文王八卦方位图中，坤卦居于西南，《周易》八宫说中，坤为第五宫，因而占筮者断言，金杯一定藏匿于观内西南地下五寸处。

这是一个"神奇"的故事。或许南京神乐观确曾遗失过一只值钱的杯子，后来找到了。于是，有好事者编出一个占卦"灵验"的故事，来让人警醒，任何偷窃终将被侦破，因为有"无占不灵"与易筮的"天眼"在，一切无所遁形。

在我看来，这一筮例的所谓灵验，是值得讨论的。

其一，古人一直申言，《周易》巫筮所以"灵验"，是有神灵佑助。朱熹其人，虽然在宋代及后世很有些名气，却从未被尊为

"神"，其《八卦取象歌》所说的"艮覆碗"三字，如何可以成为"神灵"的预示，从而断定正在寻找的一定是一只杯子？

其二，文王八卦方位图中的坤卦确实位于西南，就此断言金杯藏匿于院西南一隅似乎亦有道理。可是《周易》还有更为权威的伏羲八卦方位图在，诚未知占筮者为何偏要舍伏羲而取文王？伏羲是公认的"神圣"，文王作为人王却是一个凡人。假如以伏羲八卦方位图解说，坤卦位于北方，岂不预示如此捉弄人的这一金杯藏于神乐观院北部？要是以伏羲六十四卦方位图来预测，杯子又究竟藏在哪里，不知应到何处去寻找这只要命的杯子了。

《周易》算卦的思维方式，往往运用类比甚至是蹩脚的类比，出于人为的种种预设。《周易》古筮法那种"大衍之数五十，其用四十有九"的"数"的预测，倒是一种精巧的人为预设，并非神灵使然。巫筮预测便是如此，只要解释得通，就怎么解释好了，只要能自圆其说，有人相信，便是所谓灵验的。

文化心理学认为，人对某事物的理解、接受或迷信，一定程度上取决于人的"前意绪""前意志""前理解"。所谓灵验，倒并非《周易》巫筮本身有什么灵异，而是占筮者与受筮者虔诚迷信这一"神异"的缘故。并非因为《周易》巫筮"无占不灵"，而导致千百年无数人对它的迷信，恰恰相反，正是出于对它的迷信，从而造就了《周易》巫筮灵验无比的人文舆情。灵验令人虔信，虔信导致灵验。这是信则灵、不信则不灵的逻辑。《周易》巫筮究竟灵不灵，前提在于人对它信抑或不信。

有人笃信《周易》巫筮的所谓科学，这里所说的"科学"，指《周易》古筮法"十八变"本身那些被今人理性化了的数理知识，古人却以其为"神异""神灵"。

巫术与科学的历史与人文关系，错综复杂。科学、知识暂时无以把握的，被古人称为"神灵"。作为反科学的原巫文化，孕育了知识与科学的萌芽，又将知识与科学作为证明巫术灵验的手段。故而弗雷泽说，知识与科学是一切巫术包括《周易》巫筮的一个"伪兄弟"（《金枝》）。

古时也并非人人笃信卜筮。早在先秦，即有"夫民，神之主也"（《左传·桓公六年》）、"妖由人兴"（《左传·庄公十四年》）与"吉凶由人"（《左传·僖公十六年》）的唯"人"而理性之思。

东汉王充《论衡》一书，曾记述某年鲁国发兵攻打越国而以《周易》占了一卦之事，筮遇鼎卦☲九四爻变。其爻辞云："鼎折足，覆公餗，其形渥，凶。"这分明是一个凶爻，所以子贡判断"鼎折足"为"人折足"的凶险预兆，预言鲁国发兵攻打越国一定溃败。孔子却以为"吉"。孔子说，越国水网地区，以行船代替步行，故行军打仗不必用足长途跋涉。据说，鲁国果然打败了越国。

可是，孔子的说法其实不能自圆，越人善于行船而鲁人不善于此，凭什么说鲁国攻打越国为"吉"？

王充站在唯"物"的立场，称"俗信卜筮，谓卜者问天，筮者问地，蓍神龟灵，兆数报应，故舍人议而就卜筮，违可否（引者按：指其唯"物"理念中的真实是非判断）而信吉凶"，"如实论之，卜筮不问天地，蓍龟未必神灵"。（《论衡·卜筮篇》）在王充看来，信蓍龟大可不必，凭什么对其如此虔信？

据说清代纪晓岚年少之时参加乡试，其师为此占了一卦，想测试学生的运气究竟如何。筮遇困卦☵六三爻变。其爻辞云："困于石，据于蒺藜，入于其宫，不见其妻，凶。"故断言弟子此去赴试大事不妙。"纪大烟袋"却以为，自己年少尚未娶亲，何谈"入于其宫，不见其妻，凶"？在他看来，这次应试，可高中第二。头名者姓"石"（困于石），第三姓"米"（据于蒺藜。蒺藜，一种枝条丛生而多刺的灌木，有米字之形，故言）。据说，乡试的结果果然如此。

这一些筮例以及所有卜筮，不管是否真实发生过还是出于虚构，皆可说明，所谓卜筮，曾经是古时人们用以问难决疑、彰往察来的头等大事。古时人智少开，深感环境对人的巨大压力而前路茫茫，为求把握人自身的命运休咎，遂造成这种不得已而为之的"文化事件"。尽管巫师往往夸说施行巫术可以逢山开路，遇水搭桥，甚至喝令天地变色，让人起死回生，似乎从此可以"乐天知命故不忧"（《易传·系辞上》），实际千百年来，为卜筮包括《周易》预测所"控制"的人类命运，依然是充满悲剧的。

今本《周易》的体例为经、传合编，其基本编排为经在前、传在后，是既分又合的一个整体。《易传》七篇（十文）本附于本经之后，今本《周易》将《彖辞》文辞依次分别附于每卦卦辞之后，将《象辞》文辞依次分别安排在六爻的爻辞之后，又将《文言》安排于乾坤两卦“用九”“用六”辞文之后，其余依然附于本经之后。

这一现有体例的形成，始于西汉费直，经东汉郑玄，到魏王弼而告完成。此即《魏志·高贵乡公纪》引博士淳于俊语所云“郑氏合《彖》《象》于经，欲使学者寻省易了也”（《经学通论》引）。

作为明智的易学研习者，不可不懂《周易》本经的象数之学，包括古筮法等；亦不可不舍弃与批判其“迷信”成分，否则容易“走火入魔”。如仅仅胶柱于巫性占筮这一种“术”

（"倒错的实践"），就可能把广博的《周易》仅仅弄成命运预测之书。同样，倘若仅仅研习《易传》，亦可能是无源之水、无本之木的"无根"研究。

《易传》，是从"巫"走向"史"的典型文本。

本经与《易传》二者，是源与流的统一。朱伯崑先生说，《易传》和《易经》既有联系又有区别。传是对经的解释，但其解释，不是《易传》的作者凭空臆想的"，说得很对。至于称《易传》的显著特点是将古代的卜筮之书哲理化"，"《易传》实际上是哲学著作"（《易学哲学史》第一卷），则值得斟酌。无疑，由本经的"巫"文化经过"祛魅"、转化而来的哲学，确实在《易传》中占有重要地位，然而《易传》的人文思想，又并非仅仅是哲学，还有美学、逻辑学、上古筮法遗存，等等。

我曾提出，从《易经》到《易传》之间，有一个处于"神与人之际"的"从巫到圣"的内在结构，可称之为两者的"异质同构"关系：

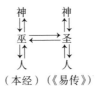

（本经）（《易传》）

《周易》本经以巫学为其基本文化内涵，它所推重的是巫，巫既通于人，又通于神，是神与人之际的一个中介；《周易》辅文即《易传》以圣学为其基本文化内涵，它所推重的是圣，圣亦既通于人，又通于神，也是神与人之间的一个中介。

因而，从巫到圣，正好揭示了从《周易》本经到《周易》辅文之间深层结构的意义连接。（拙著《大易之美》）

《易传》为儒家著作，其基本思想为关乎"人"的圣学，亦即礼仁之学。其主题在于"做怎样的人以及怎样做人"（拙著《中国美学的文脉历程》）。成圣成仁，这是《易传》人文思想的圭臬。其哲学的重要性，在于为圣学的合理性与合法性提供逻辑证明。

《易传》中的至理名言，我们至今仍在频频使用的就不胜枚举："大哉乾元"，"至哉坤元"；"天行健，君子以自强不息"，"地势坤，君子以厚德载物"；"修辞立其诚"；"同声相应，同气相求"；"积善之家必有余庆，积不善之家必有余殃"；"刚健而文明，应乎天而时行"；"谦谦君子"；"观乎天文，以察时变；

观乎人文，以化成天下"；"刚健、笃实、辉光，日新其德"；
"近取诸物，远取诸身"，"精气为物，游魂为变"；"乐天知命
故不忧"，"安土敦乎仁故能爱"；"一阴一阳之谓道"，"阴阳不
测之谓神"；"生生之谓易"，"天地之大德曰生"；"书不尽言，
言不尽意"，"立象以尽意"；"形而上者谓之道，形而下者谓之
器"；"二人同心，其利断金"；"探赜索隐，钩深致远"；"天下
同归而殊途，一致而百虑"；"知几其神乎"……

可以说，如果不懂《易传》，对《周易》思想的广博与深
邃，是难以体会真切的。

这里，仅就《易传》最重要的人文主题，试加解说。

在我看来，读识《周易》，主要在于弄通象、数、占、理
四要。就理即易理而言，其要在于象、生、时、气、圣及其统
一，太极与阴阳等易理，亦蕴含于其中。

1. 象：形上形下、道器之际

象，中国文化的基本范畴之一，源自作为动物的大象。据

考，殷代及殷代之前，中原气候温热，有大象生活于此。1935
年秋和1978年春，曾在河南安阳殷墟王陵区，先后发掘祖宗
祭祀坑二，出土两具大象遗骸。又有甲骨卜辞云："今夕其雨，
隻（获）象。"是其证。

罗振玉曾说，大象"古代则黄河南北亦有之"，"则象为寻
常服御之物。今殷虚（墟）遗物有镂象牙礼器，又有象齿甚多。
卜用之骨有绝大者，殆亦象骨"，"知古者中原原有象，至殷世
尚盛也"。（《增订殷虚书契考释》）

殷周之际，北地气候变得寒冷，大象畏寒而南迁。至战
国，大象已在中原绝迹多时。当时中原偶有从地下挖出的动
物残骸，被人疑为"死象之骨"，此《战国策·魏策》所以有
"白骨疑象"之言。

韩非子云："人希（稀）见生象也，而得死象之骨。案其
图以想其生也，故诸人之所以意想者，皆谓之象也。"（《韩非
子·解老》）韩非这一句话十分重要，说明原先的动物大象如何
一变而为人文之象。

人文之象，并非客观形器，而指人内心的"意想者"。某

商朝青铜象尊

青铜器铸象形，可见当时中原地区尚能见到大象

人、某物、某景曾因见过、接触过而留遗的一切心灵记忆、印象、图景、轨迹甚而心灵氛围等，便是人文意义的"象"。

《易传·系辞上》说："见乃谓之象，形乃谓之器。"象不同于器。象是"见"（现）于心灵的种种印象之类。《周易》所谓卦象、爻象，就是指卦爻符号这一"形"（器）在心灵投下的记忆、印象、图景。

象即心象，意即意象，都是主客之间的一种心灵现实。

　　《易传·系辞上》说："是故形而上者谓之道，形而下者谓之器。"人文之象，处于形上与形下、道与器之间，可谓"形而中"也。"象"，并非"道"那样绝对抽象，亦不是"器"那般绝对具象，它是半抽象、半具象的。

　　《易传·系辞上》说："子曰：'书不尽言，言不尽意。'然则圣人之意，其不可见（现）乎？子曰：'圣人立象以尽意，设卦以尽情伪（引者按：指事物、事理的真真假假），系辞焉以尽其言，变而通之以尽利，鼓之舞之以尽神。'"那么，究竟是"立象以尽意"，还是"书不尽言，言不尽意"？

　　如要"立象"能够"尽意"，必须满足如下条件：从客观事物（形器，实）到"见"（现）之于心灵之象（虚），从文化符号（形器，包括文学艺术符号等，实）的创造，到接受者的接受即心灵之象（虚），这一人类接受、认识与创造世界、事物全过程的所有信息，必须绝对"传真"，达到绝对的同态对应、同构对应，否则"立象"便不能"尽意"。

　　书、言、意、象四者的运化与转换，无论如何，只能是简化对应而并非绝对"传真"。这便是为什么任何真理都是"未完成的"，都是一个无尽的时间过程，都不能绝对完美。《周易》六十四卦最后一卦未济所宣说的，正是"物不可穷也"这一易理和哲理。

2. 生："生生之谓易"

《周易》文化，是一种典型的生命文化，富于强烈的生命意识。易筮所注重的"趋吉避凶"，其中最重要的，就是趋"生"避"死"。

《易传》避言"死"，唯有一处讲了一个"死"字，即"原始反终，故知死生之说"。人有两种生命：群体生命和个体生命。人的群体生命无限，此即《愚公移山》所言"子子孙孙无穷匮也"；个体肉身有限（人的个体精神可达于无限，即古人所言"三不朽"）。在《易传》看来，人的群体生命，从"原始"至于"终"了再到"反终"，是一个"生—死—生"的无限时间过程，因而从群体生命而言，所谓"死"，仅是"暂态"。

大易者，生生也。"生生之谓易"，生而又生，不断地生，永远地生，永远没有死。从哲学看，真正可以说"天地之大德曰生"（大德的大，太字初文，具原始、原本之义；大德，本德、本性义）。这便是《周易》的"乐生"思想，李泽厚先生所首倡的美学"乐感"之思，深谙易理。

中国文化的历史、逻辑原点为生。无论巫学、哲学还是美学，皆注重生的理想，所谓"乐天知命故不忧"（《易传·系辞上》）。古代中国的文学艺术，极少有真正的悲剧作品。鲁迅笔下的悲剧典型阿Q，临刑前用尽平生力气，想努力画出一个"○"（大团圆），而终于只能画成"瓜子模样"。先生对"乐生"易理的描述与领悟，可谓力透纸背、入木三分，同时是对这

丰子恺笔下的阿Q

一"生生"哲学与美学的嘲讽。

梁漱溟先生说："这一个'生'字是最重要的观念，知道这个就可以知道所有孔家的话。"（《东西文化及其哲学》）其实一切中国文化包括易文化皆是如此。

《周易》的生命文化，源自远古的生殖崇拜。《易传·系辞上》云：

夫乾，其静也专（抟，通团），其动也直，是以大（太）生焉；夫坤，其静也翕，其动也辟，是以广生焉。

这一段《易传》名言，诸多学者的解读不得要领。南宋朱熹从《易传》所言"乾，阳物也；坤，阴物也"一语来阐释："乾坤各有动静，于其四德（引者按：指四种性状）见之。静体而动用，静别而动交也。乾一而实，故以质言而曰'大'；坤二而虚，故以量言而曰'广'。"（《周易本义》）清代陈梦雷概括朱子所言，称"直专翕辟，其德性功用如是"（《周易浅述》）。《易传》以严肃、真诚而直率的文字，庄严地言说生殖崇拜的神圣。

《周易》贲卦☲，离下艮上之象。《易传·象辞》发挥道：

贲，亨。柔来而文刚，故亨。分刚上而文柔，故小利有攸往，天文也；文明以止，人文也。

这里所说的"天文""人文"，同样蕴含生殖崇拜意识。

其一，全卦由三阳三阴相构。《易传》说，"阴阳合德，而刚柔有体"，故谓之亨通。

其二，"柔来而文刚"，指贲卦的下卦即离卦的本体为乾，由坤卦的一个阴爻（柔）来就于乾九二，从而变爻为贲的下卦，即离六二。

其三，"分刚上而文柔"，指贲卦的上卦艮卦的本体为坤，由乾卦的一个阳爻（刚）来交于坤上六，从而变爻为贲的上卦，即艮上九。

其四，可见，贲卦本体（本卦）为乾下坤上之象，即泰卦䷊。《易传·象辞》云："天地交，泰。"乾天坤地即为"天地交"。它的人文原型，即男女相感相悦。泰卦，实为男女即天地相"感"（交）之象。

《易传·系辞下》说："天地绸缪，万物化醇；男女构精，万物化生。"此即《周易》所言"天文"。梁漱溟说，儒家"没有别的，就是要顺着自然道理，顶活泼流畅地去生发"（《东西文化及其哲学》）。这一"自然"，人之根本也。从美学看，可称为"自然美"。

《周易》有咸卦，咸为感字初文，感本无"心"。男女相"咸"（感），最为原始的，便是无"心"的"感应"。儒的礼仁之学，起始于人的生殖崇拜，此《孟子》所以说"仁之实，事亲是也"。仁字，从人从二。仁者，二人之谓，首先指男女（天地）。苏渊雷先生《易学会通》云：

综观古今中外之思想家，究心于宇宙本体之探讨、万有原理之发见者多矣。有言"有无"者，有言"终始"者，有言"一多"者，有言"同异"者，有言"心物"者，各以己见，钩玄阐秘。顾未有言"生"者，有之，自《周易》（引者按：实指《易传》）始。

《易传》言"生"之美，可谓别具一格，并非指人的体魄强健或婀娜多姿之类，而是指生命、生殖的本始本在之大美。

《易传》又说：“文明以止，人文也。”何为“人文”？但看贲卦的下卦离，《易传》称“离为火”，初民发现、使用火以熟食物，文明之跃进也；贲卦的上卦艮，《易传》称“艮为山”“艮为止”。因而整个贲卦，象喻“文明以止”。止，趾字初文。“文明以止”，指人的言行须恪守（止）于种种伦理规范，不许僭越。读一读《礼记》吧，对此想必体会尤深。《易传》所言“人文”，指建构于生命、生殖崇拜基础之“尽善尽美”的道德规矩及其践行。

3. 时：“几者，动之微”

《易传》言说“时”问题比比皆是。“与四时合其序”“承天而时行”“应乎天而时行”“天下随时”“观乎天文，以察时变”“损益盈虚，与时偕行”“天地盈虚，与时消息”，等等，不一而足。没有哪一部中华古籍如《周易》这般如此强调“时”。这是为何？

王弼说：“夫卦者，时也。爻者，适时之变者也。”（《周易略例》）我初学《周易》时，对这一论述甚不理解，后才恍然大悟。原来《周易》六十四卦的每一卦，皆以一个个卦符的空间存在，表示时间的恒变。变，首先是一个时间过程，且永远是一种"未完成式"。先天与后天方位图、六十四卦方位图与十二消息卦，等等，都首先是一个个动态的"时"结构。时间优先，《周易》的时间意识，为易理第一意识。

同样是时间，有自然时间（物理时间）、人文时间（心理时间）的区别；有神性、人性与巫性时间的分野与联系。

《周易》所说的时间，首先与"天""天命"（命理）观相系，属于神性时间（自然时间），此之所谓"神无方而易无体"；与"运"相系，为人性时间（人文时间）。处于神性与人性时间之际的，是巫性时间。"命"为先天存在，所谓"命里注定"；"运"则是后天的，指人力、人为的一个时间过程。所谓"逢凶化吉""起死回生""否极泰来"或"泰极否来"，是通过巫筮这一"伪技艺"方式，以图把握人类与世界的命运、前途。易筮包括比易筮资格更为古老的甲卜等，都并非仅仅"听天由命"，而是坚信人有智慧有能力，试图改变自身与处境（仅仅是所施行的巫筮这一"实践"方式是错误的）。以巫性易理为理论基础的中国"风水"学认为，"圣人执其枢机，秘其妙用，运于己心，行之于世，天命可移，神功可夺，历数可变也"（《葬书·内篇》）。

《周易》所说的卦变、爻变，皆指当下之变。以《易传》之言，称为"知几其神"。这里，"几"为机字初文，指算卦时，变卦、变爻的"当下立见（现）"，占筮者一下子突然明白了吉或凶、休或咎而"察往知来"，即为"几者，动之微，吉（凶）之先见（现）者也"（《易传》）。繁体幾（几）字从幺，微奥、幽细义，指事物始变的蛛丝马迹，好比"风起于青萍之末"。一种属于巫性的"现象直观"，突然现于目前而达于心灵，相通于西方现象学所说的"当下""照面""时间到'时'"（马丁·海德格尔《存在与时间》）。《易传》相信，把握了这个"几"，即为神乎其神的"知几"，便是把握了人自己的命运："唯几也，故能成天下之务。"（《易传·系辞上》）

"知几"，知危机即生机、生机即危机之理，此乃《周易》最深刻的易理之一。世界一切恒变，唯有一种事物不变，此即"变"本身是永远不变的。

乾卦九三爻辞曰："君子终日乾乾，夕惕若，厉无咎。"

人唯有朝夕三省吾身，整日警励不惰，则即使身处危厉之时，亦可转危为安。然则安逸之时，便是危殆之时，即今人所谓"胜利者最危险"。都说"失败乃成功之母"，其实"成功乃失败之母"更为深刻。故而，人须时时处处把握时机，"天行健，君子以自强不息"。

《周易》的时间观，始于对巫性时间的崇拜，《易传》将其发展为哲学与美学意义的认知与审美。易筮以为，唯有通过把握算卦的当下"时间"即"知几"，才能"察往知来"。《周易》将无尽的时间，看作一个线性历程，好比自左向右的一条横向水平直线，以"○"（零）标示，"○"左边为"曾在"，"○"右边为"将在"，则"○"为"当在"。此即现象学所言"时间到'时'"，相通于《周易》占筮的"知几其神"。

《周易》的当下（当在）"时"意识，给人启迪良多。人作为"文化的动物"，善于瞻前顾后。瞻前者，理想也，向往未来；顾后者，恋旧也，眷恋过往：以为只要将"将在"与"曾在"紧紧地攥在自己的手里，便是把握了自己的命运。可是，人总是轻忽、慢待"当在"，用海德格尔的话说，这就叫作"时间遗忘"（《存在与时间》），一种不可救药的"人性的弱点"与悲剧。

4. 气："精气为物，游魂为变"

在卜辞中，"气"字写作☰或☰，表示一条落差很大的河流忽而洪澜滔滔，忽而干涸见底，先民见而疑惑不解，甚至惊恐万状，以为神灵使然。久而久之，创造了这一具有巫性意义的汉字，传达对于这一"神秘自然"之灵的体验。尔后写作气，再演变为"氣"。氣比气字多一个米字，是在先民懂得"吃饭问题"与人的生命攸关之后。从此，"气"便与人的生命，继而与"万物有灵"的准生命意识相联系了。

孔子以"血气"言说人生"三戒"："君子有三戒：少之时，血气未定，戒之在色；及其壮也，血气方刚，戒之在斗；及其老也，血气既衰，戒之在得（贪）。"(《论语·季氏》) 血气，便是所谓"精气"。"精气为物，游魂为变，是故知鬼神之情状。"(《易传·系辞上》)

精气作为一种元"物"，为人的肉体生命之"命根"。人的肉身一旦死亡，精气变为游魂，即为阳气变阴气。然而气本身依然存有，永远不死，仅仅是改变其存在状态罢了。

《庄子》有"人之生，气之聚也。聚则为生，散则为死"，"故曰'通天下一气耳'"（《庄子·知北游》）之言。气之聚，指人的肉身与精神生命同时活着的状态；气之散，指人的肉体生命消亡了（所谓"魂飞魄散"），而气依然存在，仅仅变成游魂罢了。古人以为人一旦死亡，精气便变为游魂，是非常凶险的。因而在古时风水术中，所谓"阴宅""阳宅"之类十分强调"如封似闭"的聚气术，企图通过聚气这一方式而"起死回生"，庇荫后族，使血亲永世赓续。

这用庄子的话说，就是"故万物一（气）也。是其所美者为神奇，其所恶者为臭腐。臭腐复化为神奇，神奇复化为臭腐"（《庄子·知北游》）。庄子还说，人"受命于地，唯松柏独也正，在冬夏青青；受命于天，唯尧舜独也正，在万物之首"（《庄子·德充符》），人"无所逃于天地之间"（《庄子·人间世》），如同"父母于子，东西南北，唯命之从"（《庄子·大宗师》）。无论自然、人文，都"受命"于乾坤、天地之气。气之原始，无疑是巫性的，从属于"命"。庄子的哲学之思，始于巫学。

今本《周易》的先天（伏羲）八卦方位与后天（文王）八卦方位等图式，都是卦气即巫气运行的表示。

上文所说以先天八卦方位布置的北京"四坛"（天坛、地坛、日坛、月坛）及其围合区域，构成如封似闭、气韵生动的由有序建筑群组合的环境场所，实际是《周易》先天方位理式的现实实现，其人文根因根性，是《周易》巫性的吉利之气，转嬗为政治、伦理与审美的环境。值得注意的是，这里所说的"方位"，首先指"时位"，是王弼所说的"卦者，时也"意识的体现。

前述所谓"九数集群"，无论横向三组的三数之和、纵向三组的三数之和与两组斜向的三数之和，都是十五，可证"九数集群"是气之大化流行的均衡模式。在群体建筑的创构中，有两种气的均衡：一为对称性均衡，明清北京紫禁城的建筑空间序列便是如此；一为非对称性均衡，苏州文人园林的个别空间设计和建造可为代表。

5. 圣："自强不息"与"厚德载物"

《易传》所表述的儒家思想，可以一"圣"字加以概括，相系于"仁""德""礼"。

何谓"圣"？圣字繁体写作"聖"，从耳、从口、从壬。这里略说壬字本义。甲骨卜辞有壬字，写作δ（王襄《簠室殷契徵文》）。徐中舒主编《甲骨文字典》云："从δ（人）在Δ（土）上，象人挺立土上之形。"壬，转义可释为：人对于土地的占有、耕耘。壬者，任（任以自由）也。《甲骨文字典》释"圣"（聖）云："乃以耳形著于人首部位强调耳之功用；从口者，口有言咏，耳得感知者为声；以耳知声则为听（聽）；耳具敏锐听闻之功效是为圣。"孔子说："吾十有五而志于学，三十而立，四十而不惑，五十而知天命，六十而耳顺，七十而从心所欲不逾矩。"（《论语·为政》）"从心所欲不逾矩"，便是儒家所推崇的道德人格的最高境界，即"圣"之境界。

圣者至仁。天人合一，大仁大智，知行完备，道德至善。仁即圣之谓。"樊迟问'仁'。子曰：'爱人。'""颜渊问'仁'。子曰：'克己复礼为仁。一日克己复礼，天下归仁焉。'"（《论语·颜渊》）孔子又云："泛爱众，而亲仁。"（《论语·学而》）仁者，敬畏于天下、家国与民众，以德理政，爱民律己，关键在于正心、诚意，"克己"之"小我"而臻于"大我"，德普于天而诚于本心，"天下归仁"矣。《尹文子·大道下》云："故仁者，所以博施于物。"贾谊《新书·道德说》加以发挥："安利物者，仁行也。仁行出于德。故曰：'仁者，德之出也。'"德者，从天；天者，从心。方以智《东西均》称："仁，人心也。犹核中之仁，中央谓之心，未发之大荄也。"此之谓。

《易传》之思，倘仅从儒学角度审读，可称为"圣学"。其人文主题，在于成就怎样的"圣"（知）以及怎样成"圣"（行）。圣、神和谐，仁、德完善，心、性相应，知、行合一。这在《易传》乾、坤二卦文辞的阐述中体现最为充分、鲜明而典型："知进退存亡而不失其正者，其唯圣人乎？"人格至高无上而完美无缺者为圣人，《易传》称为"大人"：

夫大人者，与天地合其德，与日月合其明，与四时合其序，与鬼神合其吉凶。先天而天弗违，后天而奉天时。天且弗违，而况于人乎？况于鬼神乎？

"大人"即圣人。与天地同一性德，与日月共其光辉，与四时大化流行，与鬼神、命运休戚相关。大人至善至圣，其仁心与修为，先于天的启告，知行自由，却不违逆天则；后于天的启悟，又遵循天的规矩与时运。连天命、天道、天德都不违背，哪里还会有违人的意志和鬼神的旨意？

关于圣人人格的阐析，在《易传》解读乾、坤二卦的文辞中还有许多。最为大家熟知的恐怕是"大哉乾元，万物资始，乃统天"，"至哉坤元，万物资生，乃顺承天"；"天行健，君子以自强不息"，"地势坤，君子以厚德载物"。

此外还有像"君子体仁足以长人，嘉会足以合礼，利物足以和义，贞（正）固足以干事"，"君子进德修业，忠信所以进德也"，"是故居上位而不骄，在下位而不忧"；"直其正也，方其义也。君子敬以直内，义以方外，敬义立而德不孤"，"君子黄中通理，正位居体，美在其中，而畅于四支（肢），发于事业，美之至也"，等等，不胜枚举。从文辞看，在于歌赞天地、乾坤的无上之"美"，同时指圣人、贤者无与伦比的道德之善。

《易传》言"圣"，由天地、乾坤进入，落实于"德"。《易传》阐诸卦意义，颂"德"不遗余力。屯卦言"屯难"之德；蒙卦称"养正"之德；需卦说"待时"之德；小畜卦宣"君子以懿文德"；履卦喻谨思慎行之德；同人卦象"同人"于"天下"之德；谦卦尚"谦谦君子"之德；蛊卦倡"治蛊"而"君子以振民育德"；观卦崇"中正以观天下"之德；贲卦"观"乎天文、人文而以"白贲"为德；复卦一阳来复，颂复起、发扬之德；无妄卦述"大亨以正"之德，意为唯有正心、诚意，才得"无妄"而修身、齐家、治国、平天下；大畜卦扬"刚健、笃实、辉光"的"日新其德"；颐卦说颐和之理，以"德"颐养天下；大过卦祛阳刚过甚，立刚柔相济之德；坎卦言身遭重险，敬畏而不失刚毅之德；离卦以"日月丽乎天""重明以丽乎正"，喻"化成天下"之德；咸卦取"二气感应"之象，阐"天地感而万物化生"之德；恒卦"恒其德"，勉人守正持恒；遁卦象喻隐遁、谦退、自守之德；大壮卦，"大者，正也"，"刚以动，故壮"，推赞"雷在天上"般的"大壮"公德；晋卦象征"明出地上，顺而丽乎大明（太阳）"之德；明夷卦象"明入地中"，处"难"之时"正其志"，而德昭天下；家人卦说"家道正，正家而天下定"之德；睽卦化睽违为和合，倡求同存异之德；蹇卦宣说济蹇出险，人之性合乎时宜之德；解卦明解除蹇难以保安和之德；损卦析损益盈虚、与时消息的修身之德；益卦讲治政之德，以"民说（悦）"为上；困卦称言人处困穷之时，尤须不失其德；井卦传扬澄明而水泉汩汩的"井养"之德；鼎卦标立革故而鼎新之德；艮卦显行止不失其"时"的光明之德；渐卦示渐变之道，悟"正邦"之德；丰卦赞天之深远、浑茫、"丰大"、伟巨之德；兑卦崇天人"和兑"之德，"顺乎天而应乎人"；涣卦颂"风行水上"般的洋溢之德；节卦，"天地节而四时成"，天德具节制义者，谓礼；中孚卦以"孚"（诚、信）为"中"之德，守中而正直；既济卦"刚柔正故位当"，大功告成之时，圣人尤须德高思悟，明生机即危机、危机即生机之理；未济卦刚柔不正，"不当位"，大功未成，故圣人至仁，在于体会"物不可穷也"的易之性德。

《易传》所阐释的几乎所有六十四卦卦义，均可见儒家"德训"之辞（偶有道家道德说），上经述"天理"（天命，巫）而不废人事，下经言"人事"（人文，史）又崇尚天理。整部今本《周易》，经历代易学家的无数阐释，浸透了儒家伦理道德之训义。王弼曾以"玄"（无）、智旭曾以"佛"（空）解《易》，亦不乏儒家道德之说的影响。

《易传》以及本经卦序的排列，具有丰富而深邃的哲学思辨，道德哲学色彩浓厚，意在将"德"拿到"天"（哲学）上去证明其合理、合法性。

儒家政教、道德之说,崇"王道"而黜"霸道",以《孟子》所说为典型。《易传》言"道",重在扬励中正、大方、刚健、宽厚、谦和的进取精神,圣与仁的思想十分强烈。

《易传》通篇的人文主题,为圣学、仁学,亦不忘说"礼"。《系辞上》开篇即云:

> 天尊地卑,乾坤定矣。卑高以陈,贵贱位矣。动静有常,刚柔断矣。方以类聚,物以群分。

在《易传》编撰者心中,天下之人天生分为三六九等,这便是"位",以为此乃天经地义,命里注定,不可改易。"是故列贵贱者存乎位","乐天知命故不忧,安土敦乎仁,故能爱"。(《系辞上》)

儒家所倡说的"仁",是以"位"为前提的。"位"者,等级也,前定之命也。"天尊地卑",本然如此。为了处理以"位"为前提的人际、人伦关系,便有了严厉的"礼"。正如《周礼》

《仪礼》《礼记》那样，《易传》亦一再宣扬儒家之礼。"夫礼者，所以定亲疏，决嫌疑，别同异，明是非也。""道德仁义，非礼不成；教训正俗，非礼不备；分争辨讼，非礼不决；君臣上下，父子兄弟，非礼不定；宦学事师，非礼不亲；班朝治军，莅官行法，非礼威严不行；祷祠祭祀，供给鬼神，非礼不诚不庄。"（《礼记·曲礼上》）礼制繁复，凡此都是用来"管"人的。

《易传》由乾、坤二卦说天地，由天地说尊卑，由尊卑说人伦之位，由位说礼，由礼说仁，由仁说乐（不忧），由乐说爱，儒家的人伦制度、逻辑与圣人仁德，便在其中。《易传》说"一阴一阳之谓道"，这是巫性易理的总纲，也是其哲学、伦理制度的圭臬。

6.文化哲学："一阴一阳之谓道"

《易传》"史"文化的文化哲学，与太极之思相契，最为重要的，体现于"一阴一阳之谓道"这一命题。《庄子·天下》概括《周易》哲学说"易以道阴阳"，此之谓也。

中华古哲论"阴阳"最详, 历代不衰。阴、阳这一对偶范畴, 一直是中国哲学深切关注与研究的课题。甲骨卜辞有"阴""阳"二字。阴(繁体作陰), 金文写作 , 表示天色暗昧; 阳(繁体作陽), 甲骨文写作 , 与阴相反, 表示阳光普照。阴、阳二字皆以阜字为偏旁, 写作 、, 表示山阜与阳光照射的关系, 阳光未及处为阴, 照及处为阳。许慎《说文解字》释阴为"水之南、山之北也, 从阜侌声", 阳为"高明也, 从阜昜声"。

阴、阳初义, 源自与吉凶相系的堪舆(风水)意识。

今本《周易》本经有"阴"字, 仅一见, 即中孚卦九二爻辞"鸣鹤在阴, 其子和之", 指背阳之处。夬卦卦辞有"扬于王庭"之语, 扬(揚), "飞举也, 从手, 昜声"(《说文》)。扬、阳字根同一, 繁体皆从昜, 扬为昜的派生字。湖南长沙马王堆帛书《周易》"扬于王庭"一语, 写作"阳于王庭", 合乎此字初义。

《易传》述及"阴阳"处尤多: "潜龙勿用, 阳气潜藏", "履霜坚冰, 阴始凝也", "阴疑(凝)于阳必战, 为其嫌于无阳也"，"乾，阳物也；坤，阴物也"，"观变于阴阳而立卦"，"阴阳合德，而刚柔有体"，"阳卦多阴，阴卦多阳"，"阴阳不测之谓神"，"一阴一阳之谓道"，等等。

尤其值得注意的，是"一阴一阳之谓道"这一命题。

其一，"阴阳"本义，与初民的吉凶意识相联系，源自原始"信文化"，即神话和图腾、巫术。在人类最初文化形态即原始"信文化"诞生之前，世界包括人自身等一切，在人类心灵中，是混沌一片的。一旦人智发蒙，逐渐产生神灵意识与原始"信文化"意识，世界对于人类而言，便逐渐变得有了条理，大致分成"吉"与"凶"两类事物，人类由此作出"吉""凶"相反相成的两种价值判断，以及与此相系的多种对偶性判断，如人鬼、生死、男女、日夜、晨昏、风雨、大小以及是非、善恶、尊卑，等等。其中与吉凶相系的，还有阴阳这一神性、灵性兼巫性的初始概念。凡此，皆不具有哲思品格，但人类的哲学与伦理之思等，却由此萌发。

其二，阴阳意识与理念诞生后，古人便以此为"武器"，对一些在其看来恐怖而怪异的自然现象进行解释与"批判"，且与人的命运、吉凶休咎联系在一起：

幽王二年（前780年），西周三川皆震。伯阳父曰："周将亡矣！夫天地之气，不失其序。若过其序，民乱之也。阳伏而不能出，阴迫而不能烝（蒸），于是有地震。今三川实震，是阳失其所而镇阴也。阳失而在阴，川源必塞。源塞，国必亡。"（《国语·周语上》）

这里，关于地震这一自然现象的判断，有了些"自然"的思性因素，整体上却是一种有关阴阳的"国"之存亡的巫性判断，其文化意识，已然有所推进。

其三，《易传》阴阳观，无疑源于巫筮吉凶观。《易传》将纷繁多变而深广莫测的世界，以"吉凶—阴阳"之思，加以模式化，从而企图通过卜筮等，把握这个多事的世界与人自身的命运。阴爻阳爻的发明及其运用，是以阴阳意识解读吉凶，二者相对应。八卦即所谓"乾坤六子"，为四阳卦对四阴卦，共二十四爻，十二阳爻对十二阴爻；六十四卦共三百八十四爻，阴阳爻各为一百九十二。这说明，创设卦爻符号系统的古贤心目中所认知的世界，既变幻无尽，又对称、平衡与稳定。由此，逐渐生成一种影响中华数千年的以阴阳为圭臬的文化哲学。

　　"一阴一阳之谓道"，是对于这一哲学最为贴切的概括。王夫之说：

　　阴阳，一太极之实体。唯其富有充满于虚空，故变化日新，而六十四卦之吉凶大业生焉。阴阳之消长隐见不可测，而天地人物屈伸往来之故尽于此。知此者，尽《易》之蕴矣。（《张子正蒙注》卷一）

　　陈梦雷从"生"（变）这一角度说阴阳：

　　阴生阳，阳生阴，其变无穷，易之理如是。（《周易浅述》卷七）

　　我曾指出："'阴阳'观是对'吉凶'观的超越与升华"，"'阴阳'受胎于'吉凶'，又脱胎于'吉凶'，这是原始巫学的解体，是哲学与美学智慧的省悟"。（拙著《大易之美》）

　　"一阴一阳之谓道"这一文化哲学命题，是对太极图丰富深邃意蕴的概括，先天太极图俗称"阴阳鱼"，此之谓。它可能是成于战国至秦汉初的中国"矛盾论"与"辩证法"，突破了原始巫文化类比思维的局限。它概括了世界、时空存在与运动的本质、规律与方式，揭示了易理和哲理（"道"）的运化根本。

"道"（易），是在一阴一阳之变的时间历程中实现和展现的。"道"，首先是时间性的。时间优先，正是中华文化哲学理念的"第一提琴手"。唐力权说："因为时就是易（原注：变动不居）之历程，《易经》哲学最重时。"（《周易与怀德海之间：场有哲学序论》）这一"场有哲学"的"场"，实际指当下存有而运变的"气"（可译为 field），与西方哲学家海德格尔的"在场"说相通。

《周易》算卦讲"时中"（《易传》）。这一"中"字，并非指"中间"，而是指"击中""中（去声）的"。在巫筮的演卦过程中，一旦算出变卦、变爻，就意味着吉或凶的结果立刻昭示出来，信筮者心中的"黑暗世界"即时被"照亮"。"一阴一阳之谓道"的文化哲学，有如海德格尔现象学哲学的关键命题"时间到'时'"，也便是《易传》所说的由巫性"时中"，转递为哲学思性的"时中"，指无尽时间流中的"当在"即"在场"。

7.《周易》美学何以可能

这里所说的"《周易》美学",实指美学与易学的关系研究,从原"易"（巫术、巫性）角度,探讨中华原始审美意识的根因根性。

《周易》并非文艺作品与关于"美"的理论著作,其卦爻筮符与筮辞,基本没有审美意象可言。《周易》本经中的一些卦爻辞,如小畜卦九三爻辞"舆说（脱）辐,夫妻反目"、大过卦九二爻辞"枯杨生稊,老夫得其女妻,无不利"等,皆为韵体,有学人称其为"古歌",我以为"前诗",有些审美意象的因素,仅为修辞而已。《易传·文言》有"美"字,实指道德之"善"。从文艺美学审视,所谓"《周易》美学",不能成立。

以文化人类学、文化哲学关于巫学的理念研究《周易》的"美学",则是可能的。

美学是文化哲学的"诗性"部分。这一诗性是广义的,不仅指艺术审美的诗性，亦指自然意象与原始"信文化"、宗教、哲学、科学、伦理等"诗性"。即使哲学本身，也可以是诗性的。哲学起于惊奇，崇尚"思"的深邃理性。思之尤深，炉火纯青，"热"得发"冷"，达至"超理性"，便向"超感性"回归，可能熔铸为诗意的理性、理性的诗意，真正哲理诗的审美之境，即在于此。

《周易》的文化哲学意识，源自原始巫筮。所谓"一阴一阳之谓道"，首先是巫学命题，尔后才被《易传》提升、发展为文化哲学命题。其文化哲学，是从本经"巫"文化走向《易传》"史"文化的一个历史与人文俯瞰。《周易》美学，"作为文化哲学的美学"（海因茨·佩茨沃德《符号、文化、城市：文化批评哲学五题》），是可能的。

1980 年代中叶，我开始研习《周易》时意识到，当时及之前的中国美学研究，一般局限在真善美、假恶丑及其联系这一学术领域，以美丑为主题，联系真假与善恶而加以解析。当时所考虑的问题是，能否尝试在学术上有所突破，追溯真假、善恶与美丑的文化原型。

其一，人类把握世界的基本实践方式，为求真、求善、求美与求神四种。真假（科学）、善恶（伦理学）、美丑（美学）、吉凶（巫学、神学），在历史与逻辑上，必有一个文化来源。就《周易》而言，即为巫性吉凶。吉，真善美的历史与人文原型；凶，假恶丑的历史与人文原型。

也就是说，在《周易》巫筮以及比易筮更为古悠的甲骨巫卜的吉凶意识里，已经孕育着可以生成美丑以及真假、善恶的历史与人文因素。因此在学理上，关于《周易》美学的研究，是可能的。《周易》美学，"作为文化哲学的美学"所研究的，在于追溯、探究中华原始审美意识的根因根性。

其二，今本《周易》本经与《易传》文化二者，是一种"异质同构"关系，这为《周易》关于圣学的美学研究，提供了学理上的又一可能。本经的人文主题为"巫"，《易传》的人文主题为"圣"。

从本经看，巫处于神与人之际，巫是特殊的神，也是特殊的人，是神与人的结合和妥协；从《易传》看，圣也处于神与人之际，圣是特殊的神，也是特殊的人。然而，巫、圣二者神性与人性的结合程度、素质和意义是不同的。

巫与圣的历史、人文性质不一，可是二者的结构相同。在同一语境中，凡是性质不一而结构相同的事物，从前者走向后者，是可能的。

由此可以得到一个初步结论：从《周易》本经到《易传》，即从"巫"走向了"史"。在这一"巫史传统"中，"史"的历史与人文内容繁富而深邃。其中包含了以圣学为主的文化哲学、伦理学与美学等，应当说，这一逻辑上的推论，符合中华文化的历史真实。历史上，诸多德性人格意义的帝王、圣贤，其文化先祖，便是巫性意义的巫师。传说中的尧、舜、夏禹与文、武、周公等，原本就是大巫师，这些"圣王"的人格又是至善至美的。

《易传》的人文旨要，在于圣学及为圣学作出解释、论证的文化哲学、伦理学与美学等。从圣人德性人格的圆成看，它其实便是与审美相系的自由意志。

当原始巫文化将人的意志神化、灵化与巫化时，已经为由"巫"向"礼"的转化与提升，开启了一扇沉重、阴郁而沾染了一抹晨曦的历史与人文之门。

巫性的"唯意志"，嬗变为政教、道德意志的整肃、强迫的"礼"；从人的天性，将"礼"改造、提升为人之内心的自觉需求，便是"仁"。

"仁"，德性人格的自由自觉境界，使得本体意义的"道德作为审美"成为可能。

好比人与穿鞋的关系：道家认为人是不必穿鞋的，穿鞋戕害人的自然天性，唯有赤脚走路才自由自在，才是真正道德的、美的；儒家则认为，人必须穿鞋，好比"穿牛鼻、络马首"，符合人的天性，不穿鞋者不道德，也不美。然而，鞋子太大，穿了不能走路，说明这种"礼"是无用的；太小则穿不了，又说明这种"礼"不适于人性，是"礼"的意志强迫。可是，有一种鞋非常合脚，穿比不穿还要让人感到舒服自在，这便是道德的仁，走向了人格审美的自由。

心性意义的仁与圣，孟子称为"良知良能"，王阳明由此发悟而提倡"致良知"。"良知"与"致良知"二者，牟宗三称为"道德的形上学"（《心体与性体》），亦是李泽厚所言康德

"纯粹理性"与"实践理性"(《批判哲学的批判》)的结合。

康德说,有两种东西令人惊叹和敬畏,"那就是我头上的星空和我心中的道德律令",前者为康德所言"纯粹理性",后者关乎其所倡言的"实践理性"。两者的结合,便是令人惊叹和敬畏的关乎自由意志的审美,它兼于道德审美的崇高。

我们可以看到,在李泽厚早年的著述中,除了《批判哲学的批判》,其《美的历程》与《中国古代思想史论》等,都大致依循康德之言,称道德为"实践理性",在其后期著论中,已改"实践理性"为"实用理性"。就中国美学而言,这一"实用理性",源于原始巫文化的原始实用功利意识,从巫性的"吉凶",走向了德性的"善恶",可以说严重影响了中华民族的审美。

其三,这种"异质同构",亦体现于《周易》巫学与《周易》美学关于"象"的动态文脉联系上。《周易》本经的创卦、算卦与受筮者的接受过程,实际一个是关于"象"的四维动态转换过程。举例而言,《周易》晋卦,为坤下离上之象,坤为地、离为火(日),以汉字表示,即为复旦的旦字,指旭日东升。从初升太阳（客观实在之象），到初民崇拜旭日（主观心灵虚象），到画出用于占筮的晋卦符号（客观实在之象），再到受筮者对于占筮结果的信从（主观心灵虚象），为四维动态之象的转换。其转换过程，为客（实）—主（虚）—客（实）—主（虚）。应当指出，这一易象的转换本身，六十四卦的每一卦皆是如此。

文学艺术之"象"（意象）的审美，亦遵循这一转换机制与规律。从生活源泉（客观、实在），到作者的感发而形成审美心灵（主观、虚在），到作品符号系统的完成（客观、实在），再到投入审美接受（主观、虚在），亦是一个客—主—客—主即实—虚—实—虚关于"象"的动态转换过程。由此再一次雄辩地证明：从《周易》的原始巫性走向审美诗性，是可能的。

在历代研究"五经"的种种学问中，影响最为悠久、广泛与深刻的，当推易学，形成了诸多学派、分支，彼伏此起。古代易学史的主流大致经历了三个阶段：从先秦至汉代，以象数之学为主；三国魏至宋明，以义理之学为主，兼治图书之学；至清代，为一定程度上的崇"物"崇"实"的易学。三阶段不同程度地依次与秦汉经学、魏晋玄学、隋唐佛学、宋明理学、清代实学，实现了不同程度的合流与分野。二十世纪的易学，则大致可以七大趋势加以概括。

1. 先秦至汉：象数之学大势

一般而言，易学始于今本《易传》，它是最早解读今本

《周易》的易学文本。是否可能在《易传》成文之前，已经有帛书本《周易》的"帛书易传"与"帛书易传佚书"（沉睡于地下两千多年，1973年底发掘于湖南长沙马王堆）存世，在易学历史上，这一帛书"易传"的思想意识是否可能对今本《易传》产生过一定影响，值得讨论。

从传承历史看，易学始于春秋，用于易筮而注重象数。《左传·昭公二年》有云："晋侯使韩宣子来聘"，"观书于太史氏，见《易象》"。《左传》与《国语》记载易筮之例凡二十二，年代、地域不一，解《易》的法则却颇为一致，可证当时可能已有今本《说卦》这样专讲易象的著述存在。

最早的易学谱系，大约始于孔子时代即春秋末年，对今本《易传》具有一定的影响。据考，可能有一种《子夏易传》（也称《子夏传》）曾经存世。《史记·仲尼弟子列传》言述易脉传承有云：

孔子传《易》于瞿，瞿传楚人馯臂子弘，弘传江东人矫子庸疵，疵传燕人周子家竖，竖传淳于人光子乘羽，羽传齐人田子庄何，何传东武人王子中同，同传菑川人杨何。何，元朔中以治《易》为汉中大夫。

这里,《史记》没有提到"读《易》,韦编三绝"的孔子直接传《易》于其弟子子夏,只说"传《易》于瞿,瞿传楚人馯臂子弘（弓）"。瞿即商瞿,《史记》说"字子木,少孔子二十九岁","卜商字子夏,少孔子四十四岁",可见,商瞿比子夏年长,孔子先传《易》于商瞿是可能的。关于子夏,《史记·仲尼弟子列传》说:"孔子既没,子夏居西河教授,为魏文侯师。"子夏传《易》,撰作《易传》,是可能的。《史记索隐》说:"应劭云:'子弓（弘）是子夏门人。'"说出千古名言"博学而笃志,切问而近思"(《论语·子张》)的子夏,可能撰有《子夏易传》。唐陆德明《经典释文》有"子夏《易传》三卷"之记,但未被记述于《史记》与《汉书·艺文志》,其因未明。

今人高亨说,今本《易传》七篇十文,"可以断言非孔丘所作",确是"孔丘弟子或再传弟子等著书","则《彖传》可能是馯臂子弓所作,《象传》可能是矫疵所作"。(《周易大传今注》)今本《易传》,作为易学史上影响最大、最久、最深刻的易学著作,象数与义理之学兼备,可能汲取了《子夏易传》的思想营养。解读易理时，在象数学方面，以爻位（"当位""中位""互体""承乘""趋时"等）说与"消息"说为主；在不离于象数的义理方面，主要阐述"阴阳不测之谓神""一阴一阳之谓道""神无方而易无体""知几其神""唯变所适""通其变，遂成天地之文""刚柔相推而生变化""生生之为易""见乃谓之象""天尊地卑，乾坤定矣；卑高以陈，贵贱位矣"等易理。

《易传》以外，先秦诸子亦有阐发易理的，以《庄子》所言"易以道阴阳"最为重要。

汉代经学大盛，其中"汉易"成为经学舞台的主角，这始于武帝采董仲舒"天人三策"之说："诸不在六艺之科、孔子之术者，皆绝其道，勿使并进，邪辟之说灭息，然后统纪可一而法度可明，民知所从矣。"（《汉书·董仲舒传》）汉武帝推行

明人拟想的董仲舒像

选自明《三才图会》

"罢黜百家，独尊儒术"的政治方略和文化政策，于建元五年（前136年）立五经博士制度。在儒学经学化、经学谶纬化的历史中，经师讲经尤尊易学。

汉代经学，分"今文经学""古文经学"二支：前者为官方经学（董仲舒为今文经学大师，主治公羊学），后者为民间经学。相应地，前者为列于学官的官方易学。

孔子易学一脉传至田何时，历史已经进入汉初，班固说"要言《易》者本之田何"（《汉书·儒林传》）。《汉书·艺文志》云："汉兴，田和（何）传之。讫于宣（帝）、元（帝），有施（仇）、孟（喜）、梁丘（贺）、京氏（房）列于学官。"其中，孟喜、京房的易学为"今文易"代表。另一支"古文易"，以费直为代表，称"费氏易"（盛于成帝与哀帝年间），"而民间有费（直）、高（相）二家之说"（《汉书·艺文志》）。《汉书·儒林传》说，这一易学流派，"长于卦筮，亡章句，徒以《彖》《象》《系辞》十篇文言解说上下经"。今文易尚卦气等说而尤为注重象数，古文易偏于义理而不废象数。

关于西汉易学，朱伯崑《易学哲学史》如此总结：

西汉学者解易，就其学风说，可以归结为三种倾向。一是以孟喜和京房为代表的官方易学。此派易学，宋人称之为象数之学。其特点有三：其一，以奇偶之数和八卦所象征的物象解说《周易》经传文；其二，以卦气说解释《周易》原理；其三，利用《周易》，讲阴阳灾变。十翼中的《说卦》对此派易学起了很大的影响。二是以费直为代表的易学。费氏著作已失传。就班固所述及其后来的影响看，此派易学不讲卦气说和阴阳灾变，而是以《易传》文意解经，注重义理，多半是继承汉初的易学传统。……三是以道家黄老之学解释《周易》……

孟喜易学，创卦气说，以《周易》六十四卦配一年四时、十二月、二十四节气、七十二候，解说一年时序变易。这里的卦，指六十四卦；气，指与自然时序消长的阴阳之气。其中四正卦说，以坎卦（北）主冬、震卦（东）主春、离卦（南）主夏、兑卦（西）主秋为四正；十二消息卦说为：

复卦䷗	十一月中	冬
临卦䷒	十二月中	冬
泰卦䷊	正月中	春

大壮卦 ䷡	二月中	春
夬卦 ䷪	三月中	春
乾卦 ䷀	四月中	夏
姤卦 ䷫	五月中	夏
遁卦 ䷠	六月中	夏
否卦 ䷋	七月中	秋
观卦 ䷓	八月中	秋
剥卦 ䷖	九月中	秋
坤卦 ䷁	十月中	冬

卦气应配四时而呈消息盈虚的发展态势，从而以《易》解释天文历法。

孟喜创六日七分说，即在卦气说基础上，将六十四卦依次配一年的日数，得每卦为六日七分。孟氏受今本《易传》所言"凡三百有六十，当期之日"之说的启发，认识到早在战国，前人已经认知夏历一年的日数，并非三百六十天，而是三百六十五又四分之一天，便将四正卦除外的六十卦，除以三百六十，得每卦六日；每日分为八十分，五又四分之一天共为四百二十分，再除六十卦，得每卦七分，即一卦为六日七分。六日七分说与七十二候说（略）等，多用于解释阴阳灾变，受到清代焦循等人的批评。

京房的象数易学，包括纳甲、纳支、八宫、飞伏、卦变、爻变、五行、卦主、游魂、世应、卦气、六日七分等说，为汉代烦琐的象数之学的一个突出代表。这里，仅简略解释纳甲一说。

纳甲说，关系于干支与《周易》八卦。干支之学，以十天干配十二地支以记年、月、日、时，今天依然如此。完备的纳甲说出自京房。《京房易传》云：

分天地乾坤之象，益之以甲乙壬癸。震巽之象配庚辛，坎离之象配戊己，艮兑之象配丙丁。八卦分阴阳，六位配五行，光明四通，变易立节。

意思是，乾卦纳甲壬，坤卦纳乙癸；震卦纳庚、巽卦纳辛，坎卦纳戊、离卦纳己，艮卦纳丙、兑卦纳丁；八卦依次配以十天干（同时各爻依次配以十二地支），因甲居十天干之首，简称"纳甲"。

纳甲说对于理解易理无所助益，主要在于通过易筮以证天人感应、阴阳灾变之说，与东汉魏伯阳、三国虞翻"月体纳甲"说的建立，以及谶纬神学（实为谶纬巫学）的盛行关系重大。

费直古文易流行于民间，未列于学官，不同于施仇、孟喜、梁丘贺、京房西汉今文易四大家。费氏开启了易学史上"以传解经"的传统。今本《周易》的体例，"凡以《彖》《象》《文言》等参入卦中者，皆祖费氏"（《郡斋读书志》），经东汉马融、郑玄，最后成于三国魏王弼《周易注》。以传解经，在大致确当地对本经作"探赜索隐，钩深致远"研究的同时，显示出不同于今文易那种烦琐象数及占卦、阴阳灾变的思想倾向，抹平了本经与《易传》间大约七八百年的时代差异，提高了《易传》的权威。

东汉郑玄易学始于古文易，而今古文兼治，少门户之见，对稍早的马融易学多有吸取。与郑玄同时的荀爽易学等，亦采马融之说，且宗于费氏易。虞翻本属今文易派，然其易注，亦多取于马融。凡此，细读唐李鼎祚《周易集解》便不难理解。

陆绩、姚信直至魏王弼的易学根基，皆为费氏古文易，兼采马融之学，由此可见易之文脉的传承与嬗变。

看似对立的今、古文易学，并非绝对地井水不犯河水。《汉书·儒林传》称费直亦"长于卦筮"。郑玄博览群籍，兼治今、古，集文字、音韵、训诂于一身，治《易》"括囊大典，网罗众家，删裁繁诬（芜），刊改漏失"（《后汉书·郑玄传》），其学主旨，依然不失象数之互体、爻体、爻辰与五行诸说，兼以阐述《易》之义理，循十翼之思而开哲学易的天地。如解读"易"的"一名三义"说，倡言"变易"（交换、改变、化变）、"简易"（容易、平易、简一）与"不易"（不变）的哲理思想。李善《文选注》引提及其注《易纬》，以"气"解说太极之义，汲取马融注"易"为"借龙以喻天之阳气"的易学之见，称"极（太极）中之道，淳和未分之气也"，可谓的论。

随着西汉易学经学化，至西汉末，有扬雄《太玄》问世，作为"拟《易》之作"，可以看作易学的另一独特表述方式。

几乎与此同时，谶纬神学代表的《易纬》《河图编》《洛书编》等出现，于东汉最为盛烈，将天人之学（天人合一、天人感应、阴阳灾变等）及易理、巫理谶纬化。谶，"诡为隐语，预决吉凶"（《四库全书总目·经部·易类六》）；纬，原指布帛组织的横丝。这里指对儒家经义作神秘、迷信的诠释与发挥。

《易纬》提出、阐述了"太易"这一元范畴，认为万事万物由其始生："有太易，有太初，有太始，有太素也。太易者，未见气也。太初者，气之始也。太始者，形之始也。太素者，质之始也。"（《易纬·乾凿度》）改变、发展了今本《易传》关于"太极"的哲学。强调"易之三义"为道德之根："易者，易也。变易也，不易也，管三成为道德苞籥。"郑玄注："管，统也。德者，得也。道者，理（伦理）也。籥者，要也。言易道统此三事，故能成天下之道德，故云包道之要籥也。"

除了太易，《易纬》还有八卦方位、九宫、爻辰等说，这里从略。东汉末年魏伯阳《周易参同契》一书，以卦气结合道教炼丹术，兼以月体纳甲说，易学史上的道教易学，于此肇始。

2. 三国魏至宋明：义理与图书之学

三国魏正始年间，与何晏同为魏晋玄学之祖的天才少年王弼，黜汉易今文学（古文学集大成者王肃约与王弼同时）的象数之学及其烦琐学风，"尽黜象数"（从其所著《周易注》看，王弼兼通象数），开《周易》义理之学的一代新风，遂使易、玄结合，泽被后世。

王弼易学，主要体现在《周易注》《周易略例》。其中最为重要的，一是卦时、爻时说：

夫卦者，时也；爻者，适时之变者也。夫时有否泰，故用有行藏。卦有小大，故辞有险易。一时之制，可反而用也；一时之吉，可反而凶也。

王弼《周易注》清刻本

故卦以反对，而爻亦皆变。是故用无常道，事无轨度，动静屈伸，唯变所适。(《周易略例·明卦适变通爻》)

《周易》六十四卦、三百八十四爻以及乾"用九"、坤"用六"，皆首先指卦变、爻变的时间性，所有卦象、爻象，都以空间性存在的卦符、爻符，象喻巫性之"时"(本经)与哲理、伦理等思性之"时"(《易传》)的恒变，时间优先。所谓天、地、人的"三极之道"，以天时为首要。

二是"得意忘象"说：

夫象者，出意者也；言者，明象者也。尽意莫若象，尽象莫若言。言生于象，故可寻言以观象；象生于意，故可寻象以观意。意以象尽，象以言著。

这基本重复了今本《易传》关于"圣人立象以尽意"的思想。然而王弼说：

故言者所以明象，得象而忘言；象者所以存意，得意而忘象。

得意在忘象，得象在忘言。故立象以尽意，而象可忘也。（《周易略例·明象》）

老子倡言"无"（玄）的哲学，从"有"（形下经验）说"无"（形上本体）。"无，名天地之始；有，名万物之母。"（今本《老子》第一章）"道之为物"，"其中有象""其中有物""其中有精（气）""其中有信"。（《老子》第二十一章）这一被称为"道"的"无"，显然存有"有"的因素，并非绝对形上，我称其为为"思维的杂质"。王弼却将"言""象"等"有"的一切"忘"去，扫除干净，从而建构其易学、哲学绝对形上的"贵无"本体论，跃上了一个思维、思想的新高度，影响深远。如王济所说："见弼《易注》，所悟者多。"（《三国志·钟会传》注引）

晋韩康伯《系辞注》亦重义理，说："道者何？无之称也。无不通（恒变）也，无不由（本根）也。况之曰：道。寂然无体，不可为象。"可谓王弼知音。

南北朝时期的易学作为魏晋易学的继续，北地经师崇尚郑学，江左学者多承王学。王弼易学尚"无"，阐玄学之旨，以"无"释《易》，佛、易谬称"知己"。

唐代易学，以孔颖达《周易正义》与李鼎祚《周易集解》为代表。前者采录王弼、韩康伯注，孔颖达说"先以辅嗣（王弼）为本"（《周易正义序》），再加阐发；后者不满于孔氏《正义》而撰，"采群贤之遗言，议三圣（引者按：伏羲、文王、孔子）之幽赜，集虞翻、荀爽三十余家"（《周易集解序》；据刘玉建《两汉象数易学研究》，《周易集解》收录易注凡三十七家，加上《九家易》《乾凿度》《易轨》，共为四十家）。两者皆为往世易学的总结，前者偏于义理，后者偏于象数。前者重于开发易理新见，从《易传》所言"一阴一阳之谓道"，进而推出"无阴无阳乃谓之道"等易学新命题，认为"一谓无也"，"无阴无阳"，混沌玄虚，"无状之状"，显然采老庄之"道"、王弼之见，于此可见道、易合流的趋势。后者集诸多往圣的象数之见，探易理的历史与人文根因，以为"郑则多参天象，王乃全释人事"，认为王学（包括承继王学的孔颖达之学等）"纷然淆乱"，"莫辨源流"，无疑偏重于象数易。

宋代，易学继先秦两汉之后，迎来又一高峰。据《宋史·艺文志》，仅北宋，即有易学著述六十余种，其中诸多易学家兼擅理学与文章诗赋。宋代易学，多重于义理而不废象数。宋易是相对于汉易而言的。汉易重象数之学，宋易宗王学传统而主义理。又有"图书"解《易》之风流渐。《四库全书总目·经部·易类一》述宋易有云：

> 汉儒言象数，去古未远也。一变而为京（房）、焦（循），入于礼祥。再变而为陈（抟）、邵（雍），务穷造化。《易》遂不切于民用（引者按：指算卦以测命运休咎）。王弼尽黜象数，说以老庄。一变而为胡瑗、程子（程颢、程颐），始阐明儒理。再变而李光、杨万里，又参证史事。《易》遂日启其论端。此两派六宗，已互相攻驳。

这一阐述，未必处处妥切，但宋易基本发展线索却梳理得明白。《宋史·朱震传》记宋易传承谱系有云：

> 陈抟以先天图传种放，放传穆修，穆修传李之才，之才传邵雍。放以河图、洛书传李溉，溉传许坚，许坚传范谔昌，谔昌传刘牧。穆修以太极图传周敦颐，敦颐传程颢、程颐。

此处提到的有些易学家已不甚明了，但流传有序。有意思的是，以义理易为主的宋代，却以图书之学（宋易意义的象数之学）启其端。

宋代象数学推崇图书，为的是深究义理根因，并非汉象数易那般宣说天人感应、阴阳灾变。实际除东坡先生等易学比较株守王学正统外，大多儒者力避以玄无之说解读易理。从陈抟的"图书"、刘牧的"河洛"、李之才的"卦变"、周敦颐的"太极图"到邵雍的"先天""后天"等，大致皆为象数一类，专意在为其所述义理寻找"图学"依据，为尊天理以尽人事一路。

另一路向，以李觏、欧阳修、二程与张载的义理派为代表，但细处亦有不同。李觏说自己"尝著《易论》十三篇，援辅嗣之注以解义"，"所以为新意者，合牵象数而已"，弃王学玄无之论而自裁新意，目的在于"盖急乎天下国家之用"。（《删定易图序论》）李氏夫子自道，究《易》是为了天下人事。

欧阳修主义理。《易童子问》一书首度疑孔，主张《系辞》《文言》等《易传》部分，非孔子所撰，有"问题意识"，可谓石破天惊，立于陈陈相因的古代，殊为难得。

二程尤其程颐将义理为主题的宋易，推向了一个高峰，解《易》以"理"为优先："有理而后有象，有象而后有数。"（《二程集》）这一说法，对于"古文"象数易而言，是颠覆性的。宋代义理易不同于以往在于，弃郑学象数及其迷信，以及王学以"无"释《易》传统，这在二程比较典型。

张载《横渠易说》批判王学与孔疏甚为有力，推崇程氏易学，尤以气论解读易理，不同于程氏以"天理"为易学的最高范畴。

总之，北宋义理之学，将易理哲理化，成为理学的有机构成。北宋的数学、理学、气学三派以及南宋道学、心学、功利易学等易学派别，皆不同程度与宋代哲学（理学）具有深邃而繁复的文脉联系。

南宋朱震《汉上易传》（又名《周易集传》，乃朱震为宋高宗讲《易》而作）等著述，基本站在象数易的立场，以汉易动爻、卦变、互体、五行、纳甲诸说，解读《周易》六十四卦卦爻辞与《易传》文辞，批评王弼"自《系辞》而下，不释其义，盖于象数穷矣"（《周易丛说》），持二程"有象而后有数"（与邵雍相反，邵氏主张有数而后有象）的易学之见，显然也受到了宋初张载尚象尚气易学观的影响。实际象与数不能人为分拆，正如本书前文所言，巫性的象与数，是混沌互渗为一体的。而诸如太极说，源自今本《易传》古筮法，有自己的见解："一者体也。太极不动之数，四十有九者，用也。"可谓深谙古筮之法。今本《易传》所言"大衍之数五十，其用四十有九"，占筮时不"用"的那一策，象喻太极。太极作为本原本体，没有这个"一"，占筮便难以进行，亦不会"灵验"。不过此"一"在朱震那里，已经从巫性占筮的太极，转递为哲学意义的太极，认为太极含气，却并非王弼所说的"无"，而是内含气与象的"一"，"一者，天地之根本也"。

南宋杨万里著有《诚斋易传》，属于义理一派，大倡"历史易"："乾坤开辟之世乎！屯蒙鸿荒之世乎！需养结绳之世乎！讼师阪泉涿鹿之世乎！畜履书契大法之世乎！泰通尧舜雍熙之世乎！过是而后，泰而否，否而泰，一治一乱。"试图以六十四卦序，言说始于开辟鸿蒙的中国历史沿革，在古代易学中可谓别具一格。杨万里的义理易，又以"理"为哲学主题："象者何也？所以形天下无形之理也。爻者何也？所以穷天下无穷之事也。"富于理学特色。

朱熹的易学，以《周易本义》与《易学启蒙》（与蔡元定合著）为代表，宋黎靖德所编《朱子语类》一书的诸多篇章，亦具丰富的易学内容。凡此，皆为朱熹道学（理学）的学识基础和有机构成。朱熹理学的基本主题是"性即理"兼"气即理"，属于义理易一派，重于追寻、研究易理之"本"，故自象数溯之。朱子易学，兼有批评从王弼到孔颖达等义理易的一面。《本义》《启蒙》二著，大为肯定河洛、象数之学，称此为"天地自然之易"，"最宜深玩"。早在今本《易传》中，已经有关于先天、后天八卦方位的文字表述，《本义》一书的正文前，载列河图、洛书等九大易图，遂开凡易著往往附以图式的学术新风，且于《本义》卷首载以《筮仪》一文，记述甚详，虽并非最古的占筮仪式，亦可见古筮一斑。《易学启蒙》一书，则更为注重象数。

朱熹义理易学不废象数，深研易理，一定程度上是对于历代尤其北宋以降易学的一次总结。朱熹称汉易的互体、飞伏、纳甲、五行之类，"未及致思"；指出《程氏易传》"言理甚备，象数却欠在"（《朱子语类》卷六十七），对程颐的易学颇有微词。朱熹在易文化哲学的研究上，提倡"空底物事"之说。程颐曾说："不要拘一。若执一事，则三百八十四爻，只作得三百八十四件事，便休也。"（《二程遗书》卷十九）朱熹则进一步提出，"其他经，先因其事，方有其文"，"若《易》只则是个空底物事，未有是事，预先说是理，故包括得尽许多道理"。（《朱子语类》卷六十六）朱熹所说的"理"，不等于易理根本，受理学的影响是肯定的，所谓"空底物事"的"空"，也有些佛教空观的思想因子在，然而将易理之本概括为"空底物事"，是对易之哲理的一个领悟，且不废象数。

陆九渊及其弟子杨简开易理心学一派，不同于二程理学与张载气学的易学，专从心字做文章。陆氏云："在天曰阴阳，在地曰柔刚，在人曰仁义。"这是重复了今本《易传·说卦》关于天、地、人"三极（三才）之道"的说法，进而从孟子的"良知良能"说找立论依据，称其即为"本心"："故仁义者，人之本心也。孟子曰：存乎人者，岂无仁义之心哉！"（《象山全集·与赵监》）形成了一个关于"易者，心也"的逻辑之链：易—三极之道—人之仁义—良知良能—本心。"本心"一说，兼采佛禅"本心"义，从而建构起"心即理"说：所谓易者，天理也；天理者，人心也。因而易者，心也。天理无处不在，

"塞宇宙（天地）一理耳"（《象山全集·与吴斗南》），"此理塞宇宙，所谓道外无事，事外无道"（《象山全集·语录》）。因而，易理便是"本心"，"本心"即为宇宙。

杨简宗乃师之言，其解读《周易》复卦，从《象辞》所言"复，其见（现）天地之心乎"一语出发，称"万古人心如此，人心即易之道也"。又称，所谓"三才一，万理一"，"天人未始不一也"。"一"，心之谓，易之谓，"天地即易也"。易理者，变也，"阴阳变化无一日不自道心而生者"（《杨氏易传》）。杨氏属于纯粹义理派，《四库全书总目·经部·易类三》说："简之学，出陆九渊，故其解《易》惟以人心为主，而象数事物，皆在所略。"其实并非如此。杨简曾受朱熹"易本占筮"之说，只是此"本"，指易文化的根因根性，进而以为，易的哲学本根在于"本心"。

元朝统治者提倡程朱理学，易学依然居于显要地位。胡一桂《易本义附录纂疏》等遵循朱熹《周易本义》之见，阐象数，析义理。其子胡炳文《周易本义通释》尊朱子为"圣人"，承袭不改。元代象数易说，少有新见，以俞琰、雷思齐、张理与萧汉中等为代表。

明代易学之风有所新变。罗钦顺说："切恐理、气终难作二物看。"(《困知记》)表示了对于朱熹"理在气先"说的怀疑。王廷相的义理易学如此攻抨程朱："宋儒谓天地之先只有此理，此乃改易面目立论耳。"重申张载"太虚之气"说，回到了东汉郑玄的一元气论："愚谓天地未生，只有元气。元气具，则造化人物之道理即此而在，故元气之上无物、无道、无理。"(《雅述》)否弃宋代象数与图书之学，称"邵、朱以来，如先天后天、河洛五行"之类，为可悲而令人"迷而不省"的"异端之说"。(《内台集》)

明代对程朱理学的怀疑和批判，被"龙场悟道"的王阳明继承、发展。王氏无易学专著，其易学之见，散见于《传习录》等著述。王阳明在为其弟子解疑时，反复强调"心外无理，心外无事"之说。"先生游南镇"，有人问："如此花树，在深山中自开自落，于我心亦何相关？"王阳明答："你未看此花时，此花与汝心同归于寂。你来看此花时，则此花颜色一时明白起来，便知此花不在你的心外。"(《传习录下》)这段对话，常被用以证明美感的主观性，却不甚注意此"心"与《易》究竟有无联系。王阳明不信巫易是可以肯定的，有《却巫》一诗前四句为证：

"卧病空山无药石，相传土俗事神巫。吾行久矣将焉祷？众议纷然反见迂。"关于卜筮之见，《传习录下》载录如次：

> 问："《易》，朱子主卜筮，程传主理，何如？"先生曰："卜筮是理，理亦是卜筮。天下之理孰有大于卜筮者乎？只为后世将卜筮专主在占卦上看了，所以看得卜筮似小艺。"

> "卜筮者，不过求决狐疑，神明吾心而已。《易》是问诸天人，有疑自信不及，故以《易》问天；谓人心尚有所涉，惟天不容伪耳。"

倘若仅将《易》用于"占卦"以决"狐疑"，便是"小艺"。而《易》说的是天人之学，学问大矣。天学、人学之间所建构的易哲学与心学，因遵天理而"心"不"伪"。于此，王阳明说"良知即是易"（《传习录下》），"而天下之言《易》者始一"（《传习录上》），可谓要言不烦。

阳明弟子王畿的易学，凿通禅、易的壁垒，称"无欲者，心之本体，即所谓乾（引者按：刚健义）也"，"不起意之义，则知良知矣"，"太极者，心之极也"（《龙谿先生全集》），成为明末智旭"易即禅"之说的先导。

明末智旭《周易禅解》以禅释易，有不周之处（如称"太极即真如"，又说"太极即无明"，自相矛盾），实为显示试图糅合易、禅的不懈努力。智旭释"乾坤"有云："盖易即吾人不思议之心体。乾即照，坤即寂；乾即慧，坤即定；乾即观，坤即止"，"盖易即不思议境之与观也"。（《周易禅解·系辞》）《易传》说："大哉乾元，万物资始，乃统天。"智旭如此解说："佛性常住之理，名为乾元。无一法不从此法界而始，无一法不由此法界而建立生长，亦无有一法而不即以此法界为其性情，所以佛性常住之理，遍能出生、成就百界千如之法。"（《周易禅解·上经》）在智旭看来，不仅易、禅相合互融，而且相与无碍。"自心者"，儒释道"三教之源"，"本心（自心）不昧，儒老释皆可也；若昧此心，儒非真儒，老非真老，释非真释矣"。（《灵峰宗论》卷二）如此解读，所在多有，可谓似是而非，似非而是。其研究之法，属于类比或可称为比附。智旭敏锐地言说易、禅二者的相通之处，是对于真理的可能发现；将二者的相通推向极端，而说成"不二"即绝对相同，则其致思逻辑难以自洽。

明代著名易学家来知德有代表作《周易集注》存世。他自创"来氏太极图"，称"此圣人作易之原也。理气象数、阴阳老少、往来进退、常变吉凶，皆尚乎其中"，意为象、变、占、理四者的"易之道"，太极图囊括无遗。来氏易学的另一贡献，是创构"错综卦"说。"大抵错者，阴阳横相对也"，如乾、坤二卦，各自六爻的爻性一一相反；"综者，阴阳上下相颠倒也"，如既济、未济二卦，各自颠倒，而为对方之卦（此二卦，既为"综卦"又为"错卦"，又称"错综卦"）。来知德推重象数，由象（数）入理，有数、理兼得之旨。

明末方以智所撰著述一般皆渗以易理之说，以《周易时论合编》为其易学代表之作。易学为方氏家学，大致宗象数之学，又自裁新意，新在一个"物"字。方以智以"物"释易，实际已开清代以研治"物"为实学的易学之门。

方以智说，易理即"物理"，"言义理，言经济，言文章，言律历，言性命，言物理，各各专科，然物理在一切中，而易以象数端几格通之。即性命、生死、鬼神，只一大物理也"（《物理小识》）。方氏引《野同录》解说太极无极归之于"有极"，"于是决之曰：不落有无之太极，即在无极有极中，而无极即在有极中"。《物理小识》批评说："充一切虚，贯一切实，更何疑焉"，"止会通于惟心，彼离气（物）执理，与扫物尊心，皆病也"。

3. 清："崇"实"的易学

清代易学，迎来了古代易学最后的辉煌。易学家、易著之多，甚于前代，《四库全书》著录凡四十六，存目者达一百四十部。王夫之《周易内传》《周易外传》、黄宗羲《易学象数论》、李光地《周易折中》《周易观象》、毛奇龄《仲氏易》、陈梦雷《周易浅述》、惠栋《周易述》《易汉学》、胡渭《易图明辨》、张惠言《周易虞氏义》、焦循《易学三书》、阮元《周易注疏校勘记》、朱骏声《六十四卦经解》、李道平《周易集解纂疏》、姚配中《周易姚氏学》、马国翰《玉函山房辑佚书·经编易类》，等等，琳琅满目，钩深致远，体现了古代易学走向总结的学术特色。

梁启超说，清学"以复古为解放"（《清代学术概论》），易学亦然。清代易学的第一主题为崇"实"，批评魏王弼至宋明义理易"落空学问"及宋易中的图书之学，以文字训诂、考据与校勘等朴学的理念方法，求实、求是、求其经世致用，还偶尔试以数理逻辑解《易》。

明末清初王夫之的人生与治学箴言，为"六经责我开生面，七尺从天乞活埋"。其易学之见，以"实有"为"真有"，"实有者，天下之公有也"（《尚书引义》卷三），以为世界本体，并非"理""数"或"心"，而是"器"之"气"，接续、发展了宋初横渠易学的"气"论（张载持"气者，太虚"说），称"太虚，一实者也"（《思问录·内篇》），批评魏王弼的"虚无之旨"以及程朱理学与宋易图书学。"以乾坤并建为宗，错综合一为象"（《续修四库全书总目提要》语）之说，是其易学圭臬。所谓"乾坤并建"，指《周易》并建乾

"清初三大家"之一的王夫之

选自《船山遗书》

坤为太始，以阴阳至足者统六十二卦之变通"，乾、坤二卦纯阳纯阴，"故乾坤并建而统易"。又说，"太极，大圆者也"。太极便是太虚，而圆满的"实"与"一"，一分为二者，阴阳也。"阴阳者，太极所有之实也。"（《周易内传》）认为太极为未分为阴阳的一片淳和之气、象，故"天下无象外之道""盈天下而皆象矣"（《周易外传》），否弃了释老的"象外之象"说。又说象与数，并无先后，而是"象数相倚，象生数，数亦生象"（《尚书引义》卷四），二者互"生"，统一于"实"，故所谓易之变，实为气之变、一之变而已。总之，船山先生曰："天下之用皆其有（实）者也。吾从其用，而知其体之有，岂待疑哉！"（《周易外传》）

与王夫之、顾炎武倡实学，反"清谈"孔孟、释老一样，黄宗羲站在义理易的立场，辩难于象数之学，却并非一概排斥象数。其《易学象数论》认为，汉代京房、北宋邵雍的先天之学，皆非易学正传，南宋朱熹《周易本义》所言"天地自然之易"，让世人误"以为绝学，故为所欺"。黄氏将纳甲、先天、卦变与动爻等称为"伪象"，而倡"真象"之说："圣人以象示人。有八卦之象、六画之象、象形之象、爻位之象、反对之象、方位之象、互体之象，七者象而穷矣。"又重在考辨史实。关于易之本体，黄宗羲既说"盈天地之间皆气也"，又称"盈天地皆心也"，似陷二元之见，实际将其所说的"心"释读为"气之灵处"（《明儒学案》），会发现他依然坚定地站在"气"（实、有）的立场。

毛奇龄的易学观，主要体现于其代表作《仲氏易》，推赞汉易而黜王弼与程朱，创"五易"之说：其一，"交易"，"谓阴交乎阳，阳交乎阴也"，如乾下坤上为泰卦，乾上坤下为否卦；其二，"反易"，"谓相其顺逆，审其向背，而反见之"，指综卦关系，如屯蒙、需讼、师比等卦；其三，"对易"，"谓比其阴阳，絜其刚柔而对观之"，指错卦关系，如乾、坤二卦；其四，"移易"，"谓审其分聚，计其往来而推移而上下之"，如泰卦九三上移三位为上九，成损卦，损卦六二上移四位成益卦；其五，"互易"（变易），如乾卦为三阳爻所构，变初九为初六即巽卦，变九二为六二即离卦，变九三为六三即兑卦，坤卦为三阴爻所构，变初六为初九即震卦，变六二为九二即坎卦，变六三为九三即艮卦，"此阴阳互易，乾坤之变为八卦者（引者按：此指巽、离、兑与震、坎、艮共六个由三个爻所构成的八卦符号）也"，这便是"乾坤生六子"说。

胡渭所撰《易图明辨》，是针对宋易图书之学尤其是《周易本义》卷首九大图式而撰写："河图之象，自古无传，从何拟议？洛书之文，见于《洪范》，奚关卦爻？五行九宫，初不为易而设；《参同契》、先天太极，特借易以明丹道。而后人或指为河图，或指为洛书，妄矣。"胡渭称刘牧所宗龙图等为伪书，认为"故凡为易图""皆可废也"。胡渭易学，尚今本《周易》且尚考据之"实"，认为既然今本无图式，则宋时出现的图书，皆为伪、妄，与其"谬种流传"，不如扫荡干净。

清代汉学重考据，盛于乾隆、嘉庆年间，是谓"乾嘉学派"。惠栋吴派、戴震皖派，前者重训诂，唯瞻汉易；后者亦重训诂，又并非株守汉易，主张从训诂入于义理，其学术成就较前者为高。

先略说惠栋《周易述》。该书逐卦逐爻注、疏本经，以今日观之，其所依循的，主要为汉代孟喜、京房、郑玄与虞翻等的象数、卦气之说，作为考据之作，记述了诸多象数史料，值得肯定，而于义理则难有大拓进。关于卦爻辞的解读，严谨的训诂为时人所称道，又局限于《子夏易传》以传解经的思维传统，不免留下遗憾。如注乾卦卦辞"元亨利贞"四义，仅依《易传》而言："元始亨通，利和贞正也。"实际本经的"元亨利贞"，为"筮遇此卦，可举行大享之祭，乃有利之占问"（高亨《周易大传今注》）义。元，祖神；亨，享字借代，祭祀义；利，吉利、有利；贞，卜问、占问。

戴震易学，为乾嘉学者焦循所承继与发展。焦循认为，清代汉学及易学，"惟汉是求""拘于传注"（《雕菰楼集》），总不是出路，要求做"去伪存真"的"学问功夫"。焦循遍注群经，重新检讨了象数易、义理易及其联系的诸多方面，而自立新说。

其一，"旁通"说。始于汉代易学家虞翻。虞氏举例有云："坤二五之乾，与坎旁通。"（见李鼎祚《周易集解》）意为，坤卦六二、六五同时爻变，遂成坎卦。焦循则认为，"旁通"应严格遵循二五、初四、三上原则，虞翻则随意为之。如坎䷜二之（变）初为屯卦䷂，指坎卦九二爻变为六二，同时初六爻变为初九，便成屯卦；坤䷁上之初为颐卦䷚，指坤卦上六爻变为上九，同时初六爻变为初九，即为颐卦。对此，焦循以为不可。

其二，"相错"说。焦循受今本《易传·说卦》"八卦相错"之言启发，认为"六十四卦皆此天地、山泽、雷风、水火之相错也"(《易图略》)。如乾、坤二卦的上下卦符相错，即成泰、否；坎、离二卦的上下卦符相错，便是既济、未济。

其三，"时行"说。"时行"一词，出《易传·象辞》解读大有卦☰义，"大有，柔得尊位大中，而上下应之"，故"其德刚健而文明，应乎天而时行，是以元亨"。大有卦乾下离上，阴（柔）爻六五作为一卦主爻，"上下应之"，"得中"（实为"居中"）而"尊"，故守中正之道。且大有卦下卦为乾（天）而"刚健"；上卦为离，离为火而"文明"，便是"元亨"而"时行"。

焦循进而以其所创"齐同比例"说，解读象与辞的文脉联系，以其所著《加减乘除释》一书的数理知识解《易》，成为易学史上试图以"科学"释《易》的开创性人物。因其过于烦难，这里不拟展开。这一问题的起因，在于焦循发现《周易》本经有些爻辞与爻辞、爻辞与象辞的语句有重复之处，如睽卦六五"噬肤往"、噬嗑卦六二"噬肤灭鼻"有共同的"噬肤"一词，离卦九三"日昃之离"、丰卦六二"日中见斗"亦有相同处。这种文本现象，盖缘于多时多人编撰之故。焦循创言立说，以有限的数理知识与逻辑思想，从象数与义理的联系中探求易理，虽难免牵强附会，但苦心孤诣的问学精神却值得肯定。

4. 二十世纪易学

二十世纪易学，与"文化守成主义"思潮一并兴起。该思潮认为，中国文化现代化不能凭空疾进、无根无因，因此将《易》抬高到无以复加的程度。五四时期现代新儒学开创者梁漱溟说，天人合一与生命文化等"中国这一套东西，大约都具于《周易》"（《东西文化及其哲学》）。熊十力说，"吾平生之学，穷探大乘，而通之于《易》"（《新唯识论》），认为中国文化的复兴，首先是易学的复兴。冯友兰据朱熹"易"是个"空底物事"之见，称"易"是个"空套子"，"主要的是很多的公式"，"就可以完全表示所有的道"。（《〈易传〉的哲学思想》）唐君毅认为，易学奠定了古代"中国文化之精神，在度量上、德量上，乃已足够"（《中国文化之精神价值》）。成中英提出，以《易》为"原点"，可"重建中国哲学"，"这个重建既是中国哲学的世界化，也是世界哲学的中国化"。（《世纪之交的抉择》）凡此，体现了二十世纪易学强烈而鲜明的哲学主题，企望从"易"这一"内圣"，产生时代与世界的新"外王"。

二十世纪的易学走向，可从七个方面加以审视。

其一，"传统易"（"阐释易"）。基本沿袭今本《易传》与汉易象数、宋易义理的理念方法，以文字、训诂、音韵之学等笺注、解读今本《周易》与帛书《周易》等全文。

相关著述甚夥，主要有章太炎《易论》、杭辛斋《杭氏易学七种》、吴汝纶《周易大义》、杨树达《周易古义》、钱基博《周易题解及其读法》、唐文治《周易消息大义》、苏渊雷《易通》、蒋维乔《周易三陈九卦释义》、尚秉和《周易尚氏学》、于省吾《双剑誃易经新证》、高亨《周易古经今注》《周易大传今注》、屈万里《读易三种》、南怀瑾徐芹庭《周易今注今译》、徐芹庭《易学源流》、李镜池《周易探源》、金景芳吕绍纲《周易全解》、李学勤《周易溯源》、唐明邦《周易评注》、刘大钧《大易集成》、黄寿祺张善文《周易译注》、徐志锐《周易大传新注》、马王堆汉墓帛书整理小组整理帛书《周易》、濮茅左主编《上海博物馆藏楚竹书〈周易〉》、李学勤主编《清华大学藏战国竹简·〈筮法〉〈别卦〉〈算表〉》等。

其中，尚秉和《周易尚氏学》一书持"易者占卜（筮）之名"、"易"之"本诂固占卜也"之见。高亨《周易大传今注》承清代崔述《考信录》以经解经之宗旨，改变传统易大致以传解经的路子，坚持以经解经的治易路向。

黄寿祺、张善文所编《周易研究论文集》（凡四辑）收录自清末民国至 1980 年代末的主要易学论文近二百篇，与夏含夷《〈周易〉的起源及早期演变》、刘玉建《两汉象数易学研究》和林忠军《易纬导读》等，亦可归类于传统易。从二十世纪八九十年代起，国内先后有十余部易学辞典出版，其中蔡尚思主编的《中华易学大辞典》收录条目最全。凡此，都可看成传统易的另一类文本样式。

其二，"考古易"。二十世纪以来关于《周易》的考古成果主要有战国楚竹书《周易》、马王堆帛书《周易》、战国清华简《筮法》、王家台秦简《归藏》、双古堆汉简《周易》。相关研究以"数卦"（数字卦）的发现与解读最为重要。主要成果有陈梦家《汲冢竹书考》、张政烺《张政烺论易丛稿》、陈仁仁《战国楚竹书〈周易〉研究》、韩仲民《帛易说略》、邓球柏《帛书周易校释》、邢文《帛书周易研究》、廖名春《马王堆帛书周易经传释文》、韩自强《阜阳汉简〈周易〉研究》、李零《包山楚简研究（占卜类）》，一般以王国维"二重证据法"即田野考古与文献相参证解《易》。

其三，"历史易"。以《易》说史为其学术主题，远承汉代古文经学"六经皆史"说。从三国淳于俊、宋代杨万里、清末章太炎到近代胡朴安，都试图以《易》说史。早期历史易不研究卦爻符号与辞文的关系，而是用《周易》中诸如"王亥丧牛羊""高宗伐鬼方""帝乙归妹""王用享于岐山""康侯用锡马蕃庶"等所记史事治《易》。当代以胡朴安《周易古史观》一书影响较大。1980年代问世的宋祚胤《周易新论》与黎子耀《周易秘义》二著，亦属于历史易，前者说"《周易》是为周厉王出谋划策而作的书"，后者称"《易经》是一部殷周奴婢起义史"。

有关易学史著作可视为另一类"历史易"，有廖名春、康学伟、梁韦弦《周易研究史》、高怀民《先秦易学史》《两汉易学史》、徐芹庭《易经源流：中国易经学史》、朱伯崑《易学哲学史》、林忠军《周易象数学史》、杨庆中《二十世纪中国易学史》等。

其四，"科学易"。从自然科学的角度，研究《周易》卦爻符号系统所蕴含的数理、生化、医理、天文等自然科学因素。诸如八卦对称排列与宇宙守恒，生物遗传 DNA 的四种碱基与《周易》四象、八卦、六十四卦所内蕴的"代数结构"，等等。相关著述有薛学潜《易与物质波量子力学》、沈宜甲《科学无玄的周易》、董光璧《易图的数学结构》等。

其五，"思维易"。以研究《周易》多种文本尤其是今本《周易》的思维方法为主题，自古就有，如关于今本卦序"二二相耦，非覆即变"的研究与揭示。二十世纪的思维易注重易理逻辑的研究，与数理逻辑、辩证法、类比法等有关，与科学易的关系比较密切。这方面的著作，有李廉《周易的思维与逻辑》、杨树帆《周易符号思维模型论》等。

其六，"预测易"。在《周易》象、数、占、理四要中，独取一个"占"字，"预测"人生的命运吉凶。一般不以《易传》所载"古筮法"来算卦，所谓"算法"五花八门、不一而足。拥有较多信众，曾经大"热"一时，至今依然不绝。其心理驱动，在于信众对于自身命运和前途的疑惑、忧虑与企盼。预测易一时兴盛，证明传统巫易的强大影响。易筮作为一种"预测"术，究竟有无内在学理、心理机制以及这一机制究竟如何，是值得严肃探讨与批判的一个问题。二十世纪有关预测易的著述也有一些，如蓝允恭《太极预测学》《周易象数预测》、章秋农《周易占筮学：读筮占技术研究》、（英）克利斯多夫·巴克特《易经：第 1 号成功预测》(陈伟译)。

其七，"文化易"。包括"哲学易""美学易""艺术易""伦理易"等。主要有牟宗三《从周易方面研究中国之玄学及道德哲学》、朱谦之《周易哲学》、周止礼《易经与中国文化》、张善文《周易与文学》等著作。

王振复《周易精读》《周易的美学智慧》《大易之美》三书，在熟习易之象数、易理的前提下，运用文化人类学关于巫学的理念与方法，研究《周易》的象数、义理和中国原始审美意识的根因根性诸问题，后二著为最早出版的有关人类学美学的一种新的文化易。刘纲纪《周易美学》与张锡坤、姜勇、窦可阳的《周易经传美学通论》，属于从哲学进入"美学易"研究的两部著作。"风水"文化研究，亦属于文化易研究范畴，站在科学的立场，汰其文化糟粕，肯定其朴素的环境与生态因素，是应具的正确态度。

五 《周易》在世界

《周易》，可以说是中国第一部"世界文化名著"，在亚洲汉文化圈（包括朝鲜半岛、日本等）和欧美均产生了很大影响。

1. 朝鲜半岛：从仿效到本土化

《周易》等"五经"及儒学流传于国外的第一站，当属朝鲜半岛高句丽（约公元前1至7世纪）。高句丽紧邻中国，通用汉文字，属汉文化圈，因而最早"知读'五经'"（《南齐书·东南夷传》）。小兽林王执政（371—384年）伊始，"夏六月……立太学，教育子弟"（《三国史记·高句丽本纪》），设五经博士制度，开始仿效、学习由中国传入的人文典章，在太学教授包括易学在内的儒家学说。不仅国家最高学府太学讲授儒家经典，而且有"扃堂"（民间私学）设立以传授儒学。《北史·高丽传》记载，为学之"书有'五经'、'三史'（引者按：《史记》《汉书》《后汉书》）、《三国志》"。太学之称与制度源于中国，尔后发展为李氏王朝中央最高学府成均馆；民间私学扃堂，便是后代书院的滥觞。

位于朝鲜半岛南部的新罗与百济接纳儒学的时间，前者约在3世纪末至4世纪初，后者为4世纪初。据《三国史记·新罗本纪》，善德王"九年（640年）夏五月，王遣子弟于唐，请入国学"。新罗于公元676年统一全朝鲜后，即在682年于首都设立儒学最高学府——国学，以《论语》《孝经》《易经》等作为教科书，教授生徒。尊孔子为"人文初祖"，易学多以《周易正义》为必读书目，宗王弼、韩康伯注与孔颖达疏。7世纪中叶，就已试开朝鲜语解《易》等儒籍之风，以汉字音义作标记。遣唐留学生中很多后来成为一代名儒，如强首、薛聪、金大向、金云卿、金可纪、崔致远等，大多善于易学研究。

百济在4世纪设五经博士制度授学。《旧唐书·百济传》云，当时传入百济的中华典籍，"有'五经'、子、史，又表、疏"等，所学"并依中华之法"。据日本《古事记》，百济阿辛王十四年（405年），博士阿直岐、王仁成为东渡日本传授儒学最早的学者。《日本书纪》云，继体天皇七年（513年），从百济派往日本的五经博士始传《周易》。值得指出的是，因为易学较难，《周易》的传布一般晚于其他儒家经典。

公元918年，高丽王朝建立，国王尊儒崇佛。光宗九年（958年）始立科举，举行明经科考，以《易》为必考科目之一。《高丽史》卷三十四载："颐正（孝珠）在元（中国元朝），得而学之东还，李齐贤、朴忠佐首先师受孝珠。"早在三国分立的古朝鲜时代，中国与《易》相系的风水术、图谶，亦已传入半岛，数百年流渐不绝，此时更为盛行。

易学在朝鲜的传播，可以公元1392年为界分为前后两期。前期为仿效、从习阶段；后期尊中华学统而有所发扬。1392年李氏王朝（1392—1910年）立，改国号为"朝鲜"，颁立、推行以儒为主、以佛为辅的文化治国方略。以《易》为思想精蕴的朱子学遂成官学，儒教播于朝野。

朝鲜历史上具有崇高威望的世宗，曾大倡易学，被誉为

"海东尧舜"。16 世纪时，形成了以李退溪为代表的朝鲜本土化易学，有《启蒙（朱熹〈易学启蒙〉）传疑》《李子语粹》《圣学十图》等代表性著作问世。与李退溪同时的李彦迪、李珥，及后继者尹镌、李瀷、慎后聃、丁若镛等著名学者，都对朝鲜易学作出了贡献。至此便不难理解，今日韩国国旗为何采用始于李朝后期以《周易》太极图居中、四正卦护卫这一图案了。

2. 日本：从易学到哲学

易学经朝鲜而传入日本，最早在继体天皇七年（513 年），上已述及，尔后百济学人多次赴日传经。日人对此不能满足，如玄奘毅然往西天求取真经一般，一拨拨遣隋、遣唐使奔赴中国，全面学习中华，求《易》之"大宝"，亦为题中应有之义。

天智天皇于公元 676 年设"大学寮"，以《周易》等"九经"为教本，规定"凡教授正业：《周易》，郑玄、王弼注"；文武天皇于大宝元年（701 年）颁《大宝律令》，以入传的中华经书奠儒学之基；元正天皇养老二年（718 年）修《养老令》，推行科举制，称"凡博士、助教，皆取明经堪为师者"。

此后奈良（710—794 年）、平安（794—1192 年）二朝，提倡从当政者到文士，皆习经学，以易学居首，其虔诚程度，可与唐鉴真东渡而激起的崇佛之风媲美。

据杨宏声《日本〈易经〉研究概况》，平安朝所编《本朝见在书目录》，如大学寮、图书寮、弘文院、校书殿、太政官文殿以及天皇私人藏书的汉籍共 1568 种，合计 16725 卷，约占《隋书·经籍志》与《旧唐书·经籍志》著录典籍的一半强。其中有各种易学著作。大量的中华经典，为日本经学、易学的兴起，准备了条件。大凡奈良朝、平安朝的日本易学，基本处于以中国为师、模仿与从习的阶段。

公元 12、13 世纪至 17 世纪，德川家康建立、推行幕府统治，继续以经学（易学）与佛学为其文化政策和意识形态的两大支柱。此期中日之间的文化交往依然频繁，日本佛僧兼擅佛典、易籍者不乏其人。名僧圆尔辨圆曾来华研治佛学等，编就一部《三教典籍目录》，有儒（易）、道、释兼修之志。东福寺主持大道一以和尚，亦纂编《普门院经论章疏语录儒书等目录》一部，内含《周易》释义之籍六种，以佛、易双臻为趣。

此时的日本易学，为"日本化"的初始阶段。16世纪室町时期的文之玄昌释读《周易》，采取所谓"倭点""和训"之法，著有《周易大全倭点》《周易传义训点》。

德川时期尤钟朱子易学，镰仓之后"专以修经"而"大部不采用佛典"（尾形裕康《日本教育通史》），开始打破易、佛"兼得"的治经格局。

此期的伊藤仁斋提倡复古易学，批评朱熹理学、易学的理、气二分说。伊藤创立古义堂，在尔后的近两个半世纪里，逐渐成为日本重要的汉学、易学中心。伊藤家族以汉籍的文字、音韵与训诂治《易》，崇尚中华古易学，为日本易学作出了贡献。

此期还萌生了疑《易》的思想。18、19世纪中井履轩的《七经雕题》等多部著作，对朱子易学颇有微词，受启于欧阳修《易童子问》，始疑《易传》之《文言》《系辞》诸篇"非孔子所作"，进而疑整部《易传》"非孔子作"，甚而指斥中国的"五经""四书"与《性理大全》为"儒者三大厄"。此为极端之言，但其怀疑精神值得肯定。

从 18、19 世纪片山兼山、皆川淇园与仁藤一斋的易学研究看，或批评伊藤古义堂的易学执古而不思进取，或坚持文字、音韵、训诂之法，或以邵雍以"数"为"理"之易兼宗阳明"心易"，说明此时的日本易学，有问学别裁、莫衷一"是"的倾向，酝酿着可能的新变与突破。

"明治维新"后日本易学的主流，是以经学传统为圭臬的"古易"尤其是占筮之易，一定程度上让位于"哲学易"与"功利易"的研究，颇具时代新风。根本通明《周易讲义》《周易象义辨正》二著，既力图回归《周易》原始，又怀疑《易传》"古筮法"所谓"十八变"有误。远藤隆吉提出、论列"《易》的哲学"，以为易筮乃中华哲学之根。山路爱山《孔子论》踵前贤而疑《易传》非孔子作，亦称易理是一种哲学。本田成之《作易年代考》等以为易筮本于功利，为的是趋吉避凶，称其原本并非儒学本身，诚然是不错的新见，然其未能揭示由巫易到儒易皆宗于实用理性这一点。两者的区别在于，巫之易盲目追求趋吉避凶这一"实用"，儒之易则将巫易的迷信"唯意志"这一"实用功利"，升华为道德意志的强迫（礼）与道德意志的自由（仁），然两者都可归于实用理性。

3. 欧洲：从传译到深化

据安德烈·弥勒《阿布杜拉·白达瓦鲁斯中国史》，最早将《周易》传入欧洲的，是阿拉伯著名史学、《古兰经》学与逻辑学家阿布杜拉·白达瓦鲁斯（去世于1286年），时在中国南宋。

法国传教士金尼阁于明万历三十八年（1610年）来华传教，将《周易》译成拉丁文，1626年在杭州刊印，可惜译本已佚。

1687年，比利时传教士柏应理将多位传教同道于1661—1662年间所译的《大学》《中庸》《论语》（拉丁文本）等结集重版于巴黎，是为在欧洲有重要文化影响的《中国哲人孔子》一书。该书附有《周易》伏羲八卦、六十四卦与六十四卦图等。

法国传教士白晋与傅圣泽于1710年撰成《易学总旨》，曾进献于康熙帝。他与德国人莱布尼兹通信，后者发明了数学二进制。

18—20 世纪，欧洲相继出现多种《周易》译本。雷孝思拉丁文《易经：中国最古的书》完稿于 1736 年，一个世纪后在斯图加特和蒂宾根分别出版。第一个英译本《易经》(Classic of Changes）初版于上海，1876 年重版于伦敦，译者为英国传教士麦克拉启，由于译文欠佳，后由伦敦大学教授拉古贝里重译，出版于 1892 年。理雅格的英译本《易经》首度以"The Yi-King"音译"易经"书名，该书由中国学者王韬助译，1882 年出版于牛津克拉来登公司，成为英籍德国学者缪勒主编的《东方圣典》之一。译文依据宋代易注，译笔较为准确。理雅格深感翻译《周易》之难，为此耗费近二十年时光，认为"没有一部比《易经》更难的了"。

理雅格译本质量甚高，但注释却颇为烦琐，有学院风，因此较难普及。至 19、20 世纪，来华传教士德国人卫礼贤的德译本《易经》在西方的影响更大。卫礼贤 1923 年任北大教授，德译本《易经》(两卷）于 1924 年出版。该书封面写有这样一段"导读"：

　　这本论变易之书，分为六十四卦，具有深邃的意义。该书原来只为古老的智者所晓知和应用，研究存在的意义和正确的生命方式规律；但影响所及，已深入东方世界的日常生活。自然科学及国家哲论的规律，无不可溯源于该书的智慧洞见。卫礼贤这位中国与欧洲的媒介学者，通过这两卷的首次德文译本，以其丰富的注释，给我们的思想界带来生命哲学的深邃论述。

　　卫礼贤的译本从 1924 年到 1990 年总共发行十四版，是欧洲最为流行的德译本，国际影响无可比拟，曾转译为英、法、意、荷、西等语。其子卫德明亦是易学家，有以德语撰成的《变易：〈易经〉八讲》和《易经大意》二著（皆为论文集），还被译为英文出版。

　　法译《易经》主要有霍道生译本，最初于 1885 年刊行于《基梅博物馆年刊》，再版于 1982 年；阿尔乐兹译本，1888 年初版于比利时皇家学院，1959、1970 年在法国再版。

　　法国汉学机构如"西部汉学中心"，非常注重易学研究。创立于 1985 年的法国"周易中心"，在首都巴黎和全国十四个省设立了研究分支，其宗旨是"以现代化的、直接的、严谨的研究方式来探讨《易经》的深刻含义及其在中国传统文化中的位置"。"周易中心"创始者夏汉生撰有《易经精义》等书。总体而言，法国的易学研究偏重于"科学易"和"思维易"。

《周易》文化在美国、俄罗斯、西班牙以及东南亚各国都有着广泛的传播，成为中华优秀文化在国外传布的代表。

美国成中英教授曾将国际《易经》研究的基本课题归结为十个方面，可资参考："文史易""哲学易""科学易""逻辑易""语言易""管理易""医学易""宗教易""艺术易""民俗易"（《欧美〈易经〉研究总论》）。

后 记

尚秉和先生说："最多者《易》解，最难者《易》解。"（黄寿祺《易学群书平议》尚秉和序）唯习"易"之难，才更能激起一探究竟的热忱。难得的，须做一个笨人。

一须理念对头，方法得当；二要沉潜于心，脱弃凡近；三则勤励持久，勿浅尝辄止；四必先攻象数，再探义理。

作为中华书局"中华经典通识"丛书第二辑之一种，所撰未必处处妥切，诚望读者匡谬。由衷感谢中华书局上海公司雪飞副总的高瞻策划、引驰兄的卓尔主编与飞立老弟的精心编辑。

王振复

壬寅孟冬于复旦